Recen por mí

Recen por mí

La vida y la visión espiritual del

PAPA FRANCISCO,

el primer papa de las Américas

ROBERT MOYNIHAN

IMAGE

Nueva York

Una lista completa de los permisos aparece en las páginas 239–242.

La Biblioteca del Congreso ha catalogado la versión en inglés

ISBN 978-0-7704-3504-2
eISBN 978-0-7704-3505-9

Impreso en los Estados Unidos de América

Fotografía de la portada: Associated Press

Primera edición en los Estados Unidos de América

CONTENIDO

SEGUNDA PARTE
La vida que formó al papa Francisco
141

TERCERA PARTE
Sus palabras
185

PREFACIO

Cuando el papa Francisco salió al balcón de la Basílica de San Pedro por primera vez en la fresca noche del 13 de marzo de 2013, la gente que estaba en la plaza y los espectadores de todo el mundo, se preguntaron: ¿Quién es este hombre? ¿Qué es lo que cree? ¿Qué va a hacer como cabeza de la Iglesia?

Este es el objetivo de este libro, comenzar a encontrar respuestas a estas preguntas.

Recen por mí fue escrito dos semanas después de la elección del nuevo papa, como testigo ocular de aquellos primeros días. En ese periodo, estuve presente en Roma durante su primer encuentro con los periodistas, su primer ángelus y su primera audiencia semanal. También estuve presente y observé la misa del 19 de marzo que inauguró su pontificado, la misa del domingo de ramos del 24 de marzo, la misa de la vigilia pascual del 30 de marzo y la misa de Pascua del 31 de marzo de 2013.

La primera parte del libro es una serie de "informes del frente de guerra". Se trata de la historia que está ocurriendo en ese mismo momento, captada mientras que está pasando y escrita para que la historia del papa Francisco pueda estar arraigada en los hechos y no en la especulación sobre lo que podría hacer en el futuro.

Las dos partes siguientes presentan a los lectores el hombre, su vida y su espíritu. Están principalmente basadas en sus propias palabras y en las palabras de algunas personas muy unidas a él. Ante todo, una breve biografía para la comprensión de sus orígenes: desde su infancia en Buenos Aires hasta su elevación a la cátedra de San Pedro, a la edad de setenta y seis años. Esta sección también describe las influencias espirituales que son la base de las acciones de este dedicado sacerdote. La última parte es una recopilación de sus palabras con respecto a diferentes temas que nos ofrece una visión de los pensamientos del papa Francisco en algunas cuestiones filosóficas y teológicas fundamentales, y que nos permite ver cómo ve las cuestiones más importantes del alma humana: ¿Qué es la fe? ¿Qué es la esperanza? ¿Qué es la alegría?

Este libro está escrito en parte por un periodista, pero también en parte por un creyente. He tratado de presentar el material con un enfoque claro, periodístico, pero mi objetivo principal ha sido el de ofrecer a los lectores un instrumento que puede ser utilizado, en cierto sentido, como un libro de devoción. El libro está escrito con el espíritu de la *lectio divina*, es decir, a modo de conversación personal con Dios. En el texto los lectores encontrarán mucha información sobre la vida del papa Francisco, pero, en realidad, *Recen por mí* está escrito para aquellos que quieran acompañar al Papa en su viaje de fe durante los meses y años por venir. Ciertamente se puede leer de corrido del inicio hasta el final, pero también sugiero a los lectores utilizarlo como un medio para la contemplación, donde se puede pasar a cualquier página y hacer un rato de oración y de meditación sobre la vida del papa Francisco y también sobre nuestras propias vidas.

Ese es el punto central del libro: ofrecer a los lectores la oportunidad de caminar junto al nuevo Papa, no sólo para leer los gestos y las palabras de los primeros días de su pontificado, sino también para que puedan entrar en el alma de este hombre, en su fuerza, su pasión y su ternura. Un ejemplo concreto: en la mañana del 31 de marzo de 2013, Domingo de Pascua, el papa Francisco —que había sido papa por tan solo dos semanas y media— estaba pasando cerca de una gran multitud de gente en la Plaza de San Pedro, cuando de repente vio a un niño que sufría de una parálisis cerebral. Yo estaba a unos metros de distancia y vi el momento en que el papa Francisco se detuvo, alargó los brazos y abrazó al niño, besándolo en la mejilla. Allí, en medio de miles de personas, Francisco agarró al niño —cuyos padres y amigos habían levantado— en sus brazos. No fue un "momento fotográfico", sino un gesto de amor que dejó conmovidos a muchos de los que estábamos presentes. El hombre alargando sus brazos en un gesto de amor: esa fue la oración, en el más amplio sentido de la palabra.

El propósito de este libro es ayudar a los que desean responder a la primera solicitud de este nuevo Papa a todos nosotros: "Recen por mí", algo muy sencillo, dicho con el corazón. El papa Francisco es consciente de su propia fragilidad, de sus imperfecciones, de su humanidad. Sabe que, como todos nosotros, necesita de las oraciones de otros. Y sabe que las oraciones de los otros le darán apoyo espiritual, para ser lo que debe ser y hacer lo que debe hacer como sucesor de Pedro. Junto con las oraciones, el Papa nos pide también, como comunidad, cuidar a los pobres, a los que no se trata con justicia, a los que están en la cárcel, a los que sufren, a los que han perdido esperanza y se han dado por vencidos, y también a él, para que pueda llevar a cabo su tarea con valentía y humildad.

Si este libro, *Recen por mí*, contribuye a formar esa comunidad, habrá cumplido su razón de ser.

Roma, 2 de abril de 2013

Recen por mí

INTRODUCCIÓN

....

El espíritu del papa Francisco

El mundo quedó atónito ante la sencillez de este hombre. Cuando el 13 de marzo a las 8:24 de la tarde se asomó al balcón central de la Basílica de San Pedro, en Roma, inmediatamente después de su elección, estaba vestido todo de blanco, sin la muceta roja tradicional; capa roja que llega el codo, normalmente adornada con armiño que el pontífice lleva sobre la sotana blanca (más tarde nos enteraríamos de que el maestro de ceremonias, monseñor Guido Marini, había puesto la capa sobre los hombros del nuevo papa, pero él se había negado, dijo: "no").

El Papa se quedó en silencio un rato, mirando las doscientos mil personas que estaban en la plaza, sin decir nada.

Este silencio nos impactó. Todos entendimos que ninguna palabra —pocas o muchas que fueran—, podía expresar todo lo que hubiera querido decir, los sentimientos, las esperanzas, las preocupaciones de ese hombre en ese momento. Su silencio estaba lleno de modestia y sabiduría; modestia al reconocer que cualquier palabra que hubiese utilizado no estaría a la altura del significado del momento, y sabiduría al saber que solo el hecho de estar allí, vestido de blanco, era ya una expresión de lo que era y de lo que pensaba.

Su silencio era elocuente, su sonrisa nos dijo que estaba con nosotros, esperando con nosotros, de pie con nosotros. Su silencio habló.

La gente siguió llegando a la Plaza de San Pedro durante más de una hora; la noticia de que a las siete de la tarde se había visto salir humo blanco por la chimenea de la Capilla Sixtina se había difundido por toda la ciudad. Pocos creían que la elección sería tan rápida y que se concluiría en tan poco tiempo. El día anterior —primer día del cónclave— a las 7:42 de la tarde habíamos visto salir humo negro, señal de que la votación inicial había fallado, y a la mañana siguiente, a las 11:40, la segunda *fumata nera* (humo negro), señal de que también las siguientes dos votaciones habían fallado. Cuando a las seis de la tarde el humo todavía no había salido, entendimos que la cuarta votación había fallado y muchos creyeron que, en la siguiente, saldría otra vez humo negro y no tendríamos un nuevo papa hasta el día siguiente o aún más tarde.

Por eso la gente se sorprendió mucho cuando vio salir el humo blanco. El cónclave se había terminado muy rápidamente. Los cardenales ya habían decidido. ¿Habían elegido a Angelo Scola, de Milán, un italiano después de dos papas "extranjeros"? ¿Odilo Scherer, de São Paolo, Brasil? ¿Marc Ouellet, de Canadá? ¿Gianfranco Ravasi, erudito bíblico que había sido director de la famosa Biblioteca Ambrosiana de Milán? ¿O habían cambiado radicalmente la tradición y habían elegido un hombre proveniente del Extremo Oriente, como Luis Tagle, de Manila, o Malcolm Ranjith, de Colombo? ¿O también habían dado el paso, aún más revolucionario, de elegir a un americano y, de ser así, a quién? ¿El cardenal Timothy Dolan, de Nueva York, jovial y de gran corazón? ¿O el más reservado, Sean O'Malley, fraile capuchino de Boston, que en los días anteriores se había ganado los corazones de los italianos con su simplicidad franciscana, reconocido como parte de la comunidad latina por su conocimiento del español y su trabajo con los inmigrantes latinoamericanos de los Estados Unidos?

Los restaurantes se vaciaron; la gente llegaba deprisa a la plaza para ver quién sería el nuevo papa. Ya había atardecido, hacía fresco y estaba lloviznando. Muchos tenían los paraguas abiertos. Algunos estaban en silencio, otros conversaban, algunos rezaban, mientras que en el mundo entero la gente prendía la televisión o las computadoras para ver por primera vez al hombre que iba a ser el sucesor del papa Benedicto XVI, "en los zapatos del pescador"; el sucesor de San Pedro.

Se vieron unas sombras detrás del balcón de la Basílica de San Pedro, las cortinas se abrieron y se asomó el cardenal Jean-Louis Tauran, francés, Protodiácono del Colegio Cardenalicio —quien es, entre los cardenales, el primero de la orden de los diáconos (hay tres órdenes de cardenales: diáconos, presbíteros y obispos)—. Tauran tenía que anunciar el nombre del nuevo papa. Junto a él estaba un sacerdote que le sostenía un micrófono para que, en las grandes pantallas colocadas a los alrededores de la plaza, todos pudieran escuchar las palabras que iba a pronunciar.

Tauran, estudiante brillante en su juventud, en los últimos años había tenido problemas de salud y esto a veces lo afectaba en su capacidad de hablar con claridad. En esta ocasión, habló con todas sus fuerzas y pronunció las siguientes palabras en voz alta y clara:

"*Annuntio vobis gaudium magnum*" (Os anuncio una gran alegría —las mismas palabras que los ángeles dijeron a los pastores de Belén cuando anunciaron el nacimiento de Jesús: "No temáis; porque he aquí os doy nuevas de gran gozo", Lucas 2,10).

"*¡Habemus Papam!*" (¡Tenemos un papa!). La multitud aplaudió y, en ese momento, Tauran dijo el nombre del nuevo Papa: "*Eminentissimum ac reverendissimum dominum, dominum* Giorgium Marium, *Sanctæ Romanæ Ecclesiæ Cardinalem* Bergoglio..." (El más eminente y reverendísimo señor, señor Jorge Mario, cardenal de la Santa Romana Iglesia Bergoglio).

¡El cardenal Jorge Bergoglio!

¡Un papa latinoamericano! Un papa del Nuevo Mundo, el primero en la historia; y un jesuita, el primer papa jesuita. Un papa hispanohablante, un papa "de la gente", conocido por la gente porque se movía en autobús en lugar de utilizar un coche con chófer.

Tauran comunicó entonces el nombre que el nuevo Papa había elegido, el nombre con el que lo llamaríamos:

"*Qui sibi nomen imposuit...*" (Que se dio a sí mismo el nombre de...)

"*Franciscum*".

Francisco.

¿Francisco? Nunca antes hubo un papa llamado Francisco. Inmediatamente se pensó en San Francisco de Asís, el más grande de todos los santos occidentales, *il poverello* (el hombre pobre) que se había casado con la "Señora Pobreza".

El papa Francisco, papa de los pobres, de la "gente pequeña", de la gente sencilla, de todos nosotros. Pocos minutos después, Francisco salió al balcón vestido de blanco y se quedó de pie, en silencio.

PRIMERA PARTE

Los primeros días
del nuevo Papa

CAPÍTULO 1

La mente y el corazón

"Recen por mí".

—*papa Francisco, desde el balcón de la Basílica de San Pedro*
inmediatamente después de su elección, 13 de marzo de 2013

El inicial silencio del Papa impactó a todos los que lo vieron. Durante esos minutos, mientras que estaba allí, sonriendo, como sorprendido, el mundo tuvo la primera, e ineludiblemente duradera, impresión del nuevo obispo de Roma. Fue una buena impresión. Con su silencio, Francisco expresaba una modestia y una humildad que la gente apreciaba. La gente deseaba conocerlo mejor, saber quién era y lo que pensaba.

Pero, por un momento, ese deseo se vio anulado por el deseo del nuevo papa de permanecer "escondido" unos segundos más, aunque las cámaras del mundo entero lo estuvieran enfocando. En esa tensión entre las palabras y el silencio, entre el deseo de conocer y el deseo de permanecer escondido, se creó una conexión entre Francisco y la gente que estaba en la Plaza de San Pedro.

No es fácil explicar cómo suceden estas cosas. Pero antes de que empezara a hablar, la gente ya había empezado a conocerlo y a apreciarlo. En su silencio, en su modestia, en lo que parecía ser incluso una cierta vergüenza, se estaba mostrando su humanidad, su sensibilidad y, en ese momento, un grito espontáneo salió de la multitud: "*¡Viva il Papa! ¡Viva il Papa!*".

Inició una relación, una comunión. Y todos sentimos que, ocultos a nuestros ojos, había en él una gran profundidad de sentimientos y de pensamientos, fuente de una sencillez que nos había hecho ya entrar en relación con él. Francisco no parecía ni refinado ni culto, era simplemente él mismo, un hombre vestido de blanco, de pie, en silencio.

El papa Francisco fue elegido como guía de la Iglesia Católica en un momento muy delicado. El papa anterior, Benedicto XVI, había dimitido de su cargo tan solo dos semanas antes, y se había desplazado en helicóptero desde el Vaticano hasta Castel Gandolfo, pequeño pueblo en las afueras de Roma. Fue una decisión sin precedentes, que dejó a mucha gente de la Iglesia como confundida, en la incertidumbre.

No se podía mirar a Francisco, sonriente y aparentemente en paz, sin pensar que había algo en él que lo motivaba, que le daba energía, que dirige su vida. Pero, en ese momento, todavía no podíamos saber qué era ese "algo". Tendríamos que descubrirlo, poco a poco, en los días siguientes. Los primeros días del Papa se convirtieron, de alguna manera, en una novela policíaca en la que cada acción y cada palabra de Francisco nos daba un indicio para investigar sobre su identidad. La pregunta misteriosa era: ¿Cuál es la fuente de la humildad y de la fuerza de este hombre? Y llegamos a la respuesta: su fe.

Más tarde descubrimos que sus acciones no estaban inspiradas en las sugerencias de los consejeros clericales, ni en respuesta a las "manipulaciones mediáticas", sino que residían

en la profundidad de su fe. El origen de su fe era la fe de sus
abuelos y de sus padres, de sus hermanos y de sus hermanas,
del párroco de su infancia, de la piedad mariana de su juventud, de los libros que había leído, de los escritos de San
Agustín, de San Francisco de Asís y de San Ignacio de Loyola, y de toda la rica cultura del catolicismo argentino de los
años 1930–1940. Todo eso lo llevó a una experiencia inolvida-
ble en 1953, la que luego describió como "la misericordia de
Dios" hacia él. Fue entonces que decidió dedicar su vida a la
causa de Dios en este mundo en decadencia.

En un discurso sobre la Virgen María, el 8 de diciembre de 2012, el papa emérito Benedicto escribió algo sobre
la Virgen que parece describir también ese momento inicial
de silencio del nuevo papa: "Nos sorprende siempre, y nos
hace reflexionar, el hecho de que el momento decisivo para
el futuro de la humanidad, el momento en que Dios se hizo
hombre, está rodeado de un gran silencio. El encuentro entre
el mensajero divino y la Virgen Inmaculada pasa totalmente
desapercibido: nadie sabe, nadie habla de ello. Es un acontecimiento que, si hubiera sucedido en nuestro tiempo, no
dejaría huella en los periódicos ni en las revistas, porque es
un misterio que sucede en el silencio". Benedicto añadió:
"Que María Inmaculada nos enseñe a escuchar la voz de
Dios que habla en el silencio para recibir su Gracia, que nos
libera del pecado y del egoísmo, para gozar así la verdadera
alegría".

Estas frases podrían ser utilizadas como prólogo para las
palabras que el nuevo papa dijo en los primeros encuentros
de su pontificado. En ese momento estábamos comenzando
un viaje —sin tener todavía conciencia de esto— para des-
cubrir el corazón, la mente y el alma del hombre que acababa
de darse un nombre inusual: Francisco.

UNA HORA antes de presentarse ante el mundo y ante los ciudadanos de Roma, el papa Francisco llamó al papa emérito Benedicto XVI para decirle que pronto iría a visitarlo. Luego, cuando todo estaba listo, el cardenal protodiácono Jean-Louis Tauran salió al balcón de la plaza de San Pedro y a las 8:12 de la tarde, una hora y seis minutos después de que saliera humo blanco de la chimenea, anunció el nombre del nuevo papa.

El Colegio Cardenalicio había elegido al cardenal Jorge Mario Bergoglio, S.J., de setenta y seis años, arzobispo de Buenos Aires, Argentina, como el papa 266 de la Iglesia Católica Apostólica Romana. Francisco, en el momento de su elección, tenía dos años menos que Benedicto cuando lo nombraron a él en 2005, pero tenía también dieciocho años más que el papa Juan Pablo II, predecesor de Benedicto, que cuando fue elegido, en 1978, tenía cincuenta y ocho años.

La elección del nombre por parte del nuevo papa fue el primer indicio que tuvimos sobre su persona, antes de que él mismo pronunciara las primeras palabra. Al elegir el nombre de Francisco en lugar de otros posibles nombres (Pío XIII, Juan XXIV, Pablo VII, Juan Pablo III, Benedicto XVII, o incluso León XIV), el Papa nos dijo que iba a trazar su propio curso y abrir nuevos caminos —y que lo haría con gran sencillez y con un amor profundo a los pobres de este mundo.

A las 8:22 de la noche —diez minutos después del anuncio del cardenal Tauran— el papa Francisco se asomó al balcón central de la basílica para saludar e impartir su primera bendición apostólica *Urbi et Orbi* (a la ciudad de Roma y al mundo). Estaba asomado junto a él también el cardenal Cláudio Hummes, O.F.M., de Brasil. Esto era muy inusual con respecto al protocolo. Normalmente, junto con el nuevo

Papa, están asomados al balcón sólo el Vicario del Papa para la diócesis de Roma (cardenal Vallini), el secretario de estado del Vaticano (cardenal Bertone), y el maestro de ceremonias (monseñor Marini). Sucesivamente nos enteramos de que había sido el mismo Papa el que había insistido para que Hummes estuviera con él en ese momento. Este fue otro indicio de su persona y de su programa, porque precedentemente Hummes había criticado la expansión del capitalismo global, afirmando que este había contribuido a "la miseria y la pobreza que afectan a millones de personas alrededor del mundo". Además, el Papa nos dijo después que la elección del nombre de San Francisco de Asís también se debía a las palabras que su buen amigo Hummes le había susurrado después de su elección y antes de escoger el nombre: "No olvides a los pobres". Francisco demostró de este modo también la importancia que tenía para él la amistad personal en un momento de gran solemnidad.

Hermanos y hermanas, buenas tardes.

Sabéis que el deber del cónclave era dar un obispo a Roma. Parece que mis hermanos cardenales han ido a buscarlo casi al fin del mundo..., pero aquí estamos.

Os agradezco la acogida. La comunidad diocesana de Roma tiene a su obispo. Gracias.

Y ante todo, quisiera rezar por nuestro obispo emérito, Benedicto XVI. Oremos todos juntos por él, para que el Señor lo bendiga y la Virgen lo proteja.

La multitud se unió a él para orar en italiano por Benedicto XVI diciendo un Padrenuestro, un Avemaría y un Gloria al Padre.

"Y ahora, comenzamos este camino", continuó Francisco.

Obispo y pueblo. Este camino de la Iglesia de Roma, que es la que preside en la caridad a todas las Iglesias. Un camino de fraternidad, de amor, de confianza entre nosotros.

Recemos siempre por nosotros: el uno por el otro. Recemos por todo el mundo, para que haya una gran fraternidad.

Deseo que este camino de Iglesia, que hoy comenzamos y en el cual me ayudará mi cardenal vicario, aquí presente, sea fructífero para la evangelización de esta ciudad tan hermosa.

Y ahora quisiera dar la Bendición, pero antes, antes, os pido un favor: antes de que el obispo bendiga al pueblo, os pido que vosotros recéis para que el Señor me bendiga: la oración del pueblo, pidiendo la Bendición para su obispo. Hagamos en silencio esta oración de vosotros por mí...

Una vez más hubo silencio. El silencio de la oración, no del Papa por el pueblo, sino del pueblo por el Papa. Luego Francisco volvió a hablar:

"Ahora daré la Bendición a vosotros y a todo el mundo, a todos los hombres y mujeres de buena voluntad".

Les dio su bendición, en latín, en el nombre del Padre, y del Hijo, y del Espíritu Santo.

Hermanos y hermanas, os dejo. Muchas gracias por vuestra acogida. Rezad por mí y hasta pronto. Nos veremos pronto.

Mañana quisiera ir a rezar a la Virgen, para

que proteja a toda Roma. Buenas noches y que
descanséis. (Traducción oficial del Vaticano).

Al pronunciar estas primeras palabras Francisco hizo tres
cosas notables. En primer lugar, habló del papa emérito Benedicto como el "Obispo Emérito [de Roma] Benedicto". Al
referirse a Benedicto no usó la palabra "Papa Emérito". En
segundo lugar, le pidió al pueblo que rezara para que el Señor
lo bendijera, antes de dar él la bendición al pueblo. Y en
tercer lugar, dijo que al día siguiente iría a rezarle a la "Madonna", en la Basílica de Santa María Mayor, donde hay un
icono de María con el niño Jesús llamado *Salus Populi Romani*,
Protectora del Pueblo Romano, que según la tradición fue
pintado por San Lucas.

Así, a través de sus primeras palabras, Francisco marcó la
pauta de todo lo que iba a seguir; una pauta de humildad y
de oración.

Fue evidente de que estábamos frente a un papa con una
profunda espiritualidad franciscana y mariana. ¿Pero si su
fuerza venía de su fe, de dónde venía su espiritualidad? ¿Qué
significaba para él? ¿Qué podría significar para nosotros? Y
¿por qué había comenzado pidiendo que rezaran por él? ¿Por
qué había pedido, humildemente, "Recen por mí"?

¿Quién es Francisco?

La prensa pronto se llenó de noticias sobre la vida del
nuevo Papa, cuya elección casi nadie había logrado pro-
nosticar, sobre todo entre los apostadores. A las pocas horas
de su nombramiento, aparecieron algunas noticias que le dieron una nueva perspectiva a la elección de Bergoglio. Al parecer, como se había rumoreado aunque nunca confirmado,

el cardenal argentino había sido candidato para el papado en 2005, aunque él había apoyado la candidatura de Joseph Ratzinger. Alrededor de cuarenta cardenales, muchos de los cuales querían bloquear la elección de Benedicto XVI, de hecho habían votado por Bergoglio, incluso contra su voluntad, hasta que en un almuerzo en la Domus Santa Marta, el 19 de abril de 2005, último día del cónclave, se rumorea que Bergoglio hizo una señal con la mano diciendo a los cardenales que no votaran más por él.

Según estas noticias, estaba claro que, lejos de ser una sorpresa, Bergoglio debería haber sido considerado el candidato principal en 2013. A pesar de sus setenta y seis años, los cardenales pensaron que de todas formas el arzobispo de Buenos Aires tenía que ser el próximo pontífice.

EL SIGNIFICADO de la elección del nombre de Francisco no es una exageración. Es el reflejo de toda una vida. Cuando fue nombrado arzobispo de Buenos Aires, en 1998, Bergoglio no había querido vivir en la cómoda residencia episcopal junto a la catedral, eligiendo en cambio vivir en un apartamento junto con un anciano obispo. Por las tardes, Bergoglio cocinaba. Tomaba el autobús para moverse por el ciudad; mantenía una cierta distancia con la curia romana, incluso después de que el papa Juan Pablo II lo nombró cardenal en el febrero de 2011. "En esa ocasión, Bergoglio se distinguió por su carácter reservado, en comparación con otros colegas" escribió el vaticanista italiano Sandro Magister en 2002. "Centenares de argentinos habían empezado a recaudar fondos para volar a Roma y rendir homenaje al nuevo hombre de capelo rojo, pero Bergoglio los detuvo. Les dijo que se quedaran en Argentina y que dieran el dinero a los pobres; en Roma celebró su nuevo nombramiento con poca gente y con una austeridad cuaresmal".

EN RESUMEN, Bergoglio es un hombre que hace lo que predica.

"No hay ningún político [en Argentina], de la derecha hasta la extrema izquierda, que no se muera de ganas de recibir la bendición de Bergoglio", escribió Magister. "Incluso las mujeres de la Plaza de Mayo, ultra radicales y anticatólicas imparables, lo tratan con respeto. Él incluso invitó a una de ellas a una reunión privada. En otra ocasión, visitó el lecho de muerte de un ex obispo, Jerónimo Podestá, que se había casado desafiando a la Iglesia y que estaba muriendo pobre y olvidado por todos. A partir de ese momento, la señora Podestá se convirtió en una de sus más fanáticas devotas".

Es un hombre capaz de salir en busca de los pobres, los abandonados, los desterrados.

Y nótese bien que "alguien en el Vaticano tuvo la idea de llamarlo para dirigir un dicasterio importante" escribió Magister. " 'Por favor, me moriría en la curia', dijo Bergoglio, y lo salvaron".

No es un hombre que hubiera deseado ser parte de la curia romana o que hubiera optado por convertirse en su líder.

La biografía oficial

El Vaticano publicó rápidamente una biografía oficial con los datos esenciales de la vida de Bergoglio y también algunos detalles pintorescos.

El primer Papa americano, Jorge Mario Bergoglio, viene de Argentina. Arzobispo de Buenos Aires, jesuita, de setenta y seis años de edad, es una figura prominente en el continente americano, sin embargo es también un simple pastor muy querido en su diócesis, que durante quince años, como ministro episcopal, ha viajado mucho en metro y en autobús, como cualquiera.

"Mi pueblo es pobre y yo soy uno de ellos", dijo una día para explicar la decisión de vivir en un apartamento y prepararse él solo la cena. Siempre dijo a sus sacerdotes que sean misericordiosos, que tengan coraje apostólico y que mantengan sus puertas abiertas a todos. Lo peor que puede ocurrir en la Iglesia, dijo en varias ocasiones, "es lo que Lubac llama espiritualidad mundana" que significa "ser egocéntricos". Y cuando habla de justicia social, le pide a su pueblo que lea el *Catecismo* y descubra los Diez Mandamientos y las Bienaventuranzas. Su pensamiento es sencillo: si tú sigues a Cristo, entiendes que "pisotear la dignidad de las personas es un grave pecado".

A pesar de su carácter reservado —su biografía oficial solo consiste en unas pocas líneas, por lo menos hasta su nombramiento como arzobispo de Buenos Aires— se convirtió en punto de referencia a causa de la fuerte posición que tomó durante la dramática crisis financiera que desgastó el país en 2001. Nació en Buenos Aires, el 17 de diciembre de 1936, hijo de inmigrantes italianos. Su padre, Mario, era contador y pertenecía al rubro de los ferrocarriles; su madre, Regina Sivori, fue una esposa comprometida en la crianza de sus cinco hijos. Jorge se graduó como técnico químico y luego eligió el camino del sacerdocio entrando en el Seminario Diocesano de Villa Devoto. El 11 de marzo de 1958 ingresó al noviciado de la Compañía de Jesús. Completó sus estudios humanísticos en Chile y regresó a Argentina en 1963 para graduarse en Filosofía en el Colegio San José, en San Miguel. De 1964 a 1965 enseñó Literatura y Psicología en el Colegio Inmaculada Concepción, en Santa Fe, y en 1966 fue profesor de las mismas materias en el Colegio del Salvador, en Buenos Aires. De 1967 a 1970 estudió Teología y obtuvo el título en el Colegio San José.

El 13 de diciembre de 1969 fue ordenado sacerdote de manos del arzobispo Ramón José Castellano.

En 1970 y 1971 continuó su formación en la Universidad de Alcalá de Henares, en España, y el 22 de abril de 1973 hizo su profesión final con los jesuitas. De regreso a Argentina, fue maestro de novicios en Villa Barilari, en San Miguel; Profesor de la Facultad de Teología, en San Miguel; Consultor de la Provincia de la Compañía de Jesús y Rector del Colegio Máximo de la Facultad de Filosofía y Teología.

El 31 de julio de 1973 fue nombrado Provincial de los Jesuitas en Argentina, cargo que ocupó durante seis años. Luego volvió a su trabajo en el sector universitario y desde 1980 hasta 1986 se desempeñó nuevamente como rector del Colegio San José, así como párroco, nuevamente en San Miguel. En marzo de 1986 se trasladó a Alemania para finalizar su tesis doctoral; sus superiores lo enviaron al Colegio del Salvador, en Buenos Aires, y también a la Iglesia de los Jesuitas en la ciudad de Córdoba, como director espiritual y confesor.

El cardenal Antonio Quarracino, arzobispo de Buenos Aires, lo quiso como estrecho colaborador. Así, el 20 de mayo de 1992, el papa Juan Pablo II lo nombró obispo titular de Auca y obispo auxiliar en Buenos Aires. El 27 de mayo recibió la ordenación episcopal del cardenal en la catedral. Eligió como lema episcopal *"miserando atque eligendo"* (lo miró con misericordia y lo eligió), y en su escudo de armas puso "IHS", símbolo de la Compañía de Jesús.

Dio su primera entrevista como obispo a un boletín parroquial, *Estrellita de Bélem*.

Fue nombrado Vicario Episcopal del barrio de Flores y, el 21 de diciembre de 1993, lo nombraron en la oficina del Vicario General de la Arquidiócesis.

Por lo tanto no fue una sorpresa cuando el 3 de junio de 1997 fue nombrado arzobispo coadjutor de Buenos Aires. No habían pasado nueve meses que, tras la muerte del cardenal Quarracino, el 28 de febrero de 1998 lo sucedió como arzobispo primado de Argentina y Ordinario para los fieles de Religión Oriental en Argentina, que no tienen Ordinario en su propio rito.

Tres años más tarde, en el Consistorio del 21 de febrero de 2001, Juan Pablo II lo proclama cardenal asignándole el título de San Roberto Bellarmino. Pidió a los fieles que iban a ir a Roma a festejar su nombramiento, que no fueran y donaran a los pobres lo que hubieran gastado en el viaje.

Como principal Canciller de la Universidad Católica Argentina, fue autor de los siguientes libros: *Meditaciones para religiosos* (1982), *Reflexiones sobre la vida apostólica* (1992) y *Reflexiones de esperanza* (1992).

En octubre de 2001 fue nombrado Relator General de la 10° Asamblea General Ordinaria del Sínodo de Obispos sobre el Ministerio Episcopal. Esta tarea le fue encomendada a último momento para reemplazar al cardenal Edward Michael Egan, arzobispo de Nueva York, que se vio obligado a permanecer en su tierra natal a causa de los ataques terroristas del 11 de septiembre.

En el Sínodo se hizo especial hincapié en la "misión profética del obispo", su condición de "profeta de la justicia", su deber de "predicar sin cesar" la doctrina social de la Iglesia y también "en la expresión de un juicio auténtico en materia de la fe y la moral".

Al mismo tiempo, el cardenal Bergoglio se fue haciendo cada vez más popular en América Latina. A pesar de ello, nunca cambió en cuanto a su seriedad y a su estricto estilo de vida que algunos han definido de casi "ascético". En ese espíritu de pobreza, no quiso ser nombrado en 2002 Presidente de la Conferencia Episcopal Argentina, fue elegido como presidente tres años más tarde y, en 2008, le confirmaron el mandato por otros tres años. Mientras tanto, en abril de 2005 participó del Cónclave donde se elegiría al papa Benedicto XVI.

Como arzobispo de Buenos Aires —diócesis con más de tres millones de habitantes— concibió un proyecto misionero basado en la comunión y la evangelización. Tenía cuatro objetivos principales: comunidades abiertas y fraternas, laicos informados cumpliendo el papel de liderazgo, esfuerzos de evangelización hacia todos los habitantes de la ciudad y asistencia a los pobres y a los enfermos. Su objetivo era reevangelizar Buenos Aires "teniendo en cuenta a los que viven allí, su estructura y su historia". Pidió a laicos y sacerdotes que trabajaran unidos. En septiembre de 2009 puso en marcha la campaña solidaria por el Bicentenario de la Independencia del país. Doscientas agencias caritativas serán establecidas para el año 2016. Y en una escala continental, tuvo gran expectativa sobre el impacto del mensaje de la Conferencia Aparecida en 2007, hasta el punto de describirla como la *"Evangelii Nuntiandi* (mensajes de evangelización) de América Latina".

Hasta el comienzo de la *sede vacante,* fue miembro de la Congregación para el Culto Divino y la Disciplina de los Sacramentos, la Congregación para el Clero, la Congregación para los Institutos de Vida Consagrada y las Sociedades de Vida Apostólica, el Consejo Pontificio para la Familia y la Comisión Pontificia para América Latina.

Las llamadas telefónicas

Esta biografía oficial es solo una mirada inicial sobre su persona. Para comprender mejor al papa Francisco, hay que mirar más de cerca la manera en que trata a la gente, sobre todo a la gente común. ¿Cómo la trata? En primer lugar, con respeto, llamándolos por teléfono y hablando con ellos directamente.

Una de las primeras personas a las que llamó al día siguiente de su elección, fue a su hermana menor, en Argentina; ella contó al diario católico italiano, *Avvenire,* que había hablado con su hermano el 14 de marzo.

Bergoglio llamó a su hermana para decirle que estaba bien, pero le dijo también que no iba a llamar al resto de la familia para que el Vaticano no recibiera una cuenta telefónica muy cara.

Después llamó al padre general de la Compañía de Jesús, que hasta ese momento había sido su padre general.

Cuando llamó a la curia de los Jesuitas, que está cerca del Vaticano, el joven portero que respondió creyó que era una broma, señaló la agencia de noticias católica. Francisco tuvo que convencer al portero de que realmente era el Papa, que quería agradecer al Padre General por una carta que había recibido con motivo de su elección.

Según el padre Claudio Barriga, S.J., que contó esta anécdota en un correo electrónico dirigido a sus compañeros jesuitas de todo el mundo, la llamada inesperada del Papa llegó alrededor de las 10:15 de la mañana.

El portero respondió al teléfono. Le dicen que es una llamada desde la residencia de Santa Marta, y escucha una voz suave y serena: *"Buongiorno, sono il Papa Francesco, vorrei parlare con il Padre Generale"* (Buenos días, soy el papa Francisco, quisiera hablar con el Padre General).

El portero casi le responde: "Sí claro, y yo soy Napoleón", pero se contuvo. En cambio, le respondió secamente: "¿Me puede decir, de parte de quién?". El Papa se dio cuenta de que el joven portero no le creyó, de modo que le repitió dulcemente: *"No, de verdad, soy el papa Francisco, ¿y usted, cómo se llama?".*

"Desde el preciso instante de la elección del nuevo Papa, el teléfono de nuestra casa suena cada dos minutos, llama mucha gente, incluso gente desequilibrada", comentó el padre Barriga.

Fue entonces que el portero, dándose cuenta de su error, responde con voz titubeante, casi desmayándose:

Portero: "Me llamo Andrés".

El Papa: "¿Cómo estás, Andrés?".

Portero: "Yo bien, disculpe, solo un poco confundido".

El Papa le respondió: "No te preocupes, ¿podrías comunicarme con el Padre General? Quisiera agradecerle por la hermosa carta que me escribió".

Portero: "Disculpe, Su Santidad, le comunico".

El Papa: "No, no hay problema; espero lo que sea necesario".

El joven portero, Andrés, le dio el teléfono al hermano Alfonso, secretario privado del padre Adolfo Nicolás:

Alfonso: "¿Aló?".

papa Francisco: "¿Con quién hablo?".

Alfonso: "Soy Alfonso, secretario personal del Padre General".

papa Francisco: "Soy el Papa, quisiera saludar al Padre General y agradecerle la bonita carta que me envió".

Alfonso: "Sí, un momento".

Después de esta conversación, Alfonso se dirige incrédulo hacia la oficina del Padre General y, mientras tanto, sigue la conversación: "Santo Padre ¡felicidades por su elección, aquí estamos todos contentos por su nombramiento, estamos rezando mucho por usted!".

"¿Rezando para que yo vaya para adelante o para atrás?", bromea el Papa.

"Naturalmente para adelante", le responde Alfonso mientras caminaba. El Papa responde con una risa espontánea.

Todavía medio aturdido, el hermano ni siquiera golpea a la puerta de la oficina del Padre General, y llega hasta donde está el Padre, que lo miró sorprendido. Alfonso extiende la mano con el teléfono y le dice al Padre General, mirándolo a los ojos: "El Papa".

No conocemos los detalles de la conversación que siguió, pero ya sabemos que el Papa agradeció muy cordialmente al Padre General por su carta. El Padre le dijo que le gustaría verlo para saludarlo y el Papa le respondió que iba a dar instrucciones a su secretario para que eso pudiera suceder lo más pronto posible y que del Vaticano le iban a avisar.

Las llamadas siguieron llegando.

"Llamó a la Arquidiócesis de Buenos Aires para ver cómo estaban las cosas por allá antes de dar su misa a la gente que estaba en la plaza de San Pedro", dijo el padre Javier Soteras, director de Radio María Argentina. "Cuando una monja atendió el teléfono, preguntó: '¿Quién habla?'. 'El padre Jorge'. '¿Su Santidad?', preguntó la monja. '¡Ay, por favor! Tan solo padre Jorge', como diciendo que no era momento de usar títulos formales".

Francisco también llamó a su dentista, en Argentina, para cancelar sus citas. "Esa es su forma de mostrar respeto. Por supuesto que no iría personalmente, pero él quería avisarle personalmente a estas personas", explicó el padre Soteras.

El Papa también mostró su tacto y generosidad cuando llamó a su predecesor, el papa emérito Benedicto XVI, el 19 de marzo, fiesta de San José (el nombre de Benedicto es Joseph Ratzinger, por lo que San José es su santo patrón y la fiesta de San José es también su fiesta).

La conversación telefónica fue "larga y cordial", informó la oficina de prensa del Vaticano. El papa Francisco confirmó su agradecimiento a su predecesor por sus muchos años de servicio a la Iglesia, y Benedicto aseguró a su sucesor su devoto apoyo. Benedicto había seguido la misa inaugural del papa Francisco con mucha atención por la televisión, en Castel Gandolfo.

AUNQUE FRANCISCO está muy unido a su familia, solía faltar a las parrilladas en casa para pasar los domingos o los días festivos en los barrios pobres de Buenos Aires, dijo su hermana.

"Así es él: dedicado totalmente a la misión pastoral; él es el pastor de los últimos", dijo María Elena Bergoglio.

La menor de cinco hijos, María Elena, tiene sesenta y cinco años y es la única hermana del Papa que sobrevive, dijo un informe publicado en *Avvenire* el 19 de marzo. Ella contó al periódico que está muy unida a su hermano y atribuye eso a que sus padres siempre les hablaron sobre "el valor del amor familiar".

"Siempre hemos tenido una relación especial, a pesar de la diferencia de doce años. Yo era la menor y Jorge siempre me abrazaba y me protegía", dijo. "Cada vez que tenía un problema, corría a él, y él siempre estaba allí". Aunque su hermano siempre estaba ocupado con su ministerio y sus obligaciones, hablaban por teléfono todas las semanas.

"Jorge me ha enseñado a estar siempre disponible para la gente, a estar siempre disponible a ayudar, incluso si esto significa hacer sacrificios", dijo María Elena.

Además, contó que llamó a su hijo Jorge "en honor a mi especial hermano". Él fue también padrino del niño. Y el sobrino, Jorge, que tiene treinta y siete años, dijo al periódico que su tío "es una persona muy abierta, hablamos de todo, conversaciones largas".

María Elena dijo que en la prensa se escribió mucho sobre el amor de su hermano por el tango, por la ópera y por el fútbol, pero muy poca gente sabe que es un excelente cocinero: "cocina unos fantásticos calamares rellenos; es su plato favorito", dijo ella.

La hermana dijo que se quedó en casa con su familia, en Ituzaingó, cerca de Buenos Aires, para ver la misa inaugural del Pontificado en la televisión, respetando el pedido de su hermano que había dicho que los argentinos diesen a los pobres el dinero que hubieran gastado en pasajes de avión para estar en la misa en Roma. "Estamos cerca de él en la oración", dijo.

Cuando su hermano la llamó, después de su elección, dijo "no pude decir ni una palabra", la emoción era demasiada. "Él sólo repetía: 'No te preocupes, estoy bien, reza por mí'".

Una periodista italiana que vive en Roma dijo que, pocas horas después de la elección, una de las primeras cosas que él hizo fue llamarla para una charla amistosa: "El teléfono sonó... mi hijo contestó y era el Papa", dijo a la prensa italiana Stefania Falasca, ex editora de la revista católica 30 *Giorni*.

"En casa lo llamábamos 'padre', nunca 'Eminencia'" dijo. "Yo no sabía qué decir. Le pregunté: 'Padre, ¿cómo se supone que debo llamarlo? ¿Santo Padre?'.

"Él se rió y me dijo: 'La primera llamada telefónica que quería hacer era para saludarte a ti, a Gianni y a los niños'". Falasca está casada con Gianni Valente, también él era periodista de la revista 30 *Giorni*, y ahora trabaja para la *Agenzia Fides* del Vaticano, una agencia de noticias que forma parte de la Congregación para la Evangelización de los Pueblos.

Unos días más tarde, el Papa llamó al dueño de un quiosco, en Buenos Aires, diciéndole que ya no necesitaba que se le entregue el diario por las mañanas.

A alrededor de la 1:30 de la tarde —hora local—, del 18 de marzo, Daniel Del Regno, el hijo del dueño del quiosco, cogió el teléfono y oyó una voz que le dijo: "Hola, Daniel, habla el cardenal Jorge". Creyó que tal vez un amigo, que sabía que el ex arzobispo de Buenos Aires compraba el periódico en el quiosco todos los días, le estaba gastando una broma.

"En serio, soy Jorge Bergoglio, te estoy llamando desde Roma", insistió el Papa.

"Fue un *shock* para mí, me puse a llorar, no sabía qué decir", comentó Del Regno al diario argentino *La Nación.* "Me agradeció por el tiempo en el que le entregamos el diario y me mandó un saludo para mi familia".

Del Regno dijo que le había preguntado al cardenal Bergoglio, antes de que partiera para el cónclave, si creía que iba a ser elegido Papa. "Las palabras que le dije fueron: 'Jorge, ¿vas a agarrar la batuta?'. Me respondió, 'Eso es un fierro caliente [Eso está demasiado caliente para tocarlo]. Nos vemos en veinte días, vos seguí tirando [repartiendo] el diario'. Y bueno, después... Es historia conocida.

"Le pregunté si habría la posibilidad de verlo de vuelta alguna vez. Me dijo que de acá a un tiempo eso va a ser muy complicado, pero que siempre iba a estar presente".

Antes de colgar el teléfono, agregó, el Papa le pidió que rezara por él.

El 19 de marzo miles de personas estaban pasando la noche sin dormir en la plaza principal de Buenos Aires, Plaza de Mayo, para ver la misa inaugural del ministerio petrino de su ex arzobispo Jorge Mario Bergoglio. Y, sorprendentemente, a las 7:32 hora de Roma, las 3:32 de la mañana en Argentina, los altavoces colocados fuera de la catedral comenzaron a difundir la voz del Papa que estaba llamando desde el Vaticano para saludarlos.

Según el informe del diario argentino *Clarín,* el Papa llamó al celular del padre Alejandro Russo, rector de la catedral. Desde el centro televisivo de la arquidiócesis pudieron conectar la llamada a Plaza de Mayo. Poco después, los congregados comenzaron a escuchar la voz de Francisco. "Queridos hijos, sé que están en la plaza. Sé que están rezando y haciendo oraciones, las necesito mucho", dijo. "Les quiero pedir que caminemos todos juntos, cuidemos los unos de los otros, cuídense entre ustedes, no se hagan daño, cuídense, cuiden la vida".

Otra vez, estaba pidiendo oraciones. Y explicó el porqué: "Gracias por haberse reunido a rezar, es tan lindo rezar, mirar hacia el cielo, mirar a nuestro corazón y saber que tenemos un padre bueno que es Dios, gracias por eso".

Mirar hacia el cielo, mirar a nuestro corazón. Esta breve definición del significado de la oración sintetiza la mente del nuevo Papa, que va de las cosas más sublimes, el cielo, lo eterno, lo absoluto, lo verdadero, lo bueno, lo bello, a las cosas más simples y naturales —las cosa del corazón humano—. La primera cosa, es el ámbito que supera todo lo que hacemos, el reino que todavía no ha llegado, que deseamos y esperamos. La segunda, es el ámbito de nuestra intimidad más privada, el núcleo de nuestro ser, la fuente de nuestra identidad y de nuestras esperanzas. Para Francisco, la oración vincula estos dos ámbitos, lo más alto con lo más íntimo. Rezar, llevar a cabo esta "comunión" entre lo más alto y lo más íntimo, es hermoso.

Este es un juicio estético. Orar, nos dice, antes de ser algo bueno, verdadero, eficaz o poderoso, es antes de todo "hermoso"; y dice estas cosas porque conoce el corazón humano y sabe que el alma del hombre está hecha para sentirse atraída por la belleza, como un girasol que se da vuelta hacia el sol, siguiéndolo del amanecer hasta el anochecer.

Las palabras del Papa fueron acogidas con una ovación de aplausos, y continuó: "Cuiden la familia, cuiden la naturaleza, cuiden a los niños, cuiden a los viejos; que no haya odio, que no haya peleas, dejen de lado la envidia".

En la jerga de la ciudad, añadió: "No le saquen el cuero a nadie" (es decir, no sean chismosos, no critiquen a nadie). "Dialoguen, que entre ustedes crezca el deseo de cuidarse...

Dios es bueno, siempre perdona, comprende, no le tengan miedo... Que la Virgen los bendiga mucho, no se olviden de este obispo que está lejos pero los quiere mucho. Recen por mí.

"Por la intercesión de Santa María, siempre Virgen y del ángel guardián de cada uno, el glorioso patriarca San José, de Santa Teresita del Niño Jesús y los santos protectores de ustedes, que los bendiga Dios Todopoderoso, el Padre, el Hijo y el Espíritu Santo", concluyó.

En estas palabras ya vemos los elementos esenciales del programa que luego iba a explicar, a grandes rasgos, en un sermón de sus primeros días del pontificado: proteger a la familia, no dividirla, proteger nuestro mundo, la naturaleza, no envenenarla, proteger a los niños, no exponerlos a la violencia, no hacerles daño, proteger a los ancianos, respetarlos, no abandonarlos.

LOS RESIDENTES de la zona de Buenos Aires donde Bergoglio nació y creció, los llamados *porteños*, describen al Papa como un hombre amable y franco, y como un buen administrador.

Oscar Justo, de sesenta años de edad, suele mendigar al lado de la parroquia de San José, en el barrio de Flores.

Como cardenal, Jorge Mario Bergoglio solía andar por allí a menudo, yendo de la parada de autobús o bajando de la estación del subte. Siempre tenía tiempo para saludar a Justo, darle una bendición y unos cuantos pesos. "Él siempre me dio algo... a veces cien pesos ($20)", dijo Justo, que perdió ambas piernas en un accidente ferroviario.

Estos relatos sobre la bondad del cardenal Bergoglio abundan en Buenos Aires, ciudad donde fue arzobispo por quince años. Los *porteños* conocieron al papa Francisco como un sacerdote sin pretensiones.

El cardenal Bergoglio criticó al fallecido presidente Néstor Kirchner y a la presidenta Cristina Fernández de Kirchner, sucesora de su esposo en 2007. Los culpó de practicar clientelismo político sin aliviar la pobreza. Ellos respondieron yendo a otras iglesias, en vez que a la catedral, para las ceremonias importantes.

"Salieron hacia las provincias... donde había una iglesia más amigable", dijo José María Poirier, director de la revista católica *El Criterio*, que entrevistó frecuentemente al cardenal Bergoglio.

"Aquí en Buenos Aires él era un hombre políticamente en desacuerdo con el gobierno, muy querido por los pobres y por los miembros de la oposición... Pero fundamentalmente él es pastor y un hombre político", dijo Poirier. "Bergoglio es muy exigente... exigía mucha disciplina y obediencia. También se consideraba a sí mismo como intérprete privilegiado de San Ignacio de Loyola y eso causó controversia", añadió Poirier. "A la mitad [de los jesuitas] les caía muy bien, pero la otra mitad no quería saber nada de él".

Gabriel Castelli, miembro de la junta directiva de la Pontificia Universidad Católica de Argentina, dijo que el nuevo papa "siempre tuvo la capacidad de decir lo que piensa".

Para Bergoglio era prioritario darle atención a sus sacerdotes. Tenía un celular reservado para los 4.000 sacerdotes diocesanos y, cada mañana, dedicaba una hora a recibir llamadas.

"Estaba muy comprometido con sus sacerdotes, lo cual es difícil con una arquidiócesis tan grande", dijo Castelli.

Los sacerdotes tenían que mantener las cuentas de sus parroquias en orden, dijo Poirier. Muchos en la Iglesia, como el mismo Poirier, hablan de sus destrezas administrativas en Buenos Aires. "Él no es un intelectual [como el Papa

Benedicto], sino un hombre de gobierno, con grandes habilidades políticas y administrativas", dijo Poirier.

Poirer describió al cardenal Bergoglio como un hombre sencillo, que prefería los barrios pobres que la alta sociedad, nunca cenaba afuera ni iba a fiestas, se cocinaba solo, leía muchísimo. Le gustaba particularmente la literatura latinoamericana y las novelas de Fiódor Dostoyevski. No usaba la computadora, ni el correo electrónico, y escuchaba por radio los partidos de su equipo de fútbol, San Lorenzo.

Regresaba a menudo al barrio de Flores, a la parroquia de San José, donde tenía programado, celebrar la misa del Domingo de Ramos, antes de su elección. En San José algunos feligreses compartieron recuerdos.

"Siempre llevaba solo sus maletines", recordó Zaira Sánchez, de setenta y dos años de edad. Después de la misa "la gente esperaba afuera y él los bendecía y hablaba con todos ellos" antes de irse con el transporte público, dijo.

Tenía tiempo también para apoyar causas humanitarias, como la Fundación Alameda, que procuraba el apoyo del Papa para su trabajo contra la explotación de los migrantes que trabajan en Argentina. La directora de la fundación, Olga Cruz, lo conocía personalmente; él bautizó a sus dos hijos, que ya no eran bebés, cuando ella se lo pidió. "Él me dijo que sería un honor", recordó Cruz, nativa de Bolivia.

Bergoglio abrazaba la causa de los migrantes, haciendo declaraciones públicas y celebrando misa para la fundación. "Él me dijo: 'no tengas miedo'... que yo podía enfrentarme a todo esto", dijo Cruz al Catholic News Service. Cruz también recordó que Bergoglio venía prontamente a dar apoyo espiritual y moral a las mujeres rescatadas del comercio sexual que a veces se refugiaban en las parroquias.

Los feligreses de San José tuvieron emociones encontradas

en cuanto a la obligación del papa Francisco de partir de Argentina para responder a un llamado superior. "Una vez que te conocía, te conocía de por vida", dijo Gloria Koen, feligresa de San José, de setenta y tres años de edad. "Lamentablemente tuvimos que compartirlo con el mundo".

CAPÍTULO 2

....

La primera visita

14 DE MARZO: "CON MARÍA"

"Mira dentro de mi corazón; tú lo conoces mejor que yo".
—*papa Francisco, oración a la Santísima Virgen,*
Buenos Aires, 19 de abril de 1998

El primer día después de su elección, el papa Francisco hizo algo de extraordinario, sin precedentes. Alrededor de las ocho de la tarde, salió de manera reservada de la Santa Sede, en un solo coche negro con conductor sin identificación —era un Volkswagen, no un Mercedes— y se dirigió al otro lado de la ciudad de Roma, a la Basílica de Santa María Mayor, la más grande y hermosa basílica dedicada a María, la Madre de Dios.

Entró en la iglesia con tan solo unos minutos de previo aviso, cruzó lo largo de la basílica y se detuvo en la capilla en la esquina más alejada, en la parte posterior de la basílica. Allí, en un altar, debajo de un antiguo icono de la Virgen María, le llevó un ramo de flores a María.

Fue un gesto de caballerosidad y de amor, gesto de un hijo

hacia su madre, y en este gesto pudimos ver más claramente la vida interior del nuevo Papa. Él no se ocupa de normas y normativas, aunque ciertamente —según todos los informes que fueron publicados— en su diócesis había pedido respeto y obediencia a los sacerdotes y a sus hermanos jesuitas. Pero en su corazón reinaban los gestos de amor. En su corazón, en la mañana del primer día de su pontificado, predominaba el pensamiento de ir a visitar a la madre espiritual que tanto amó y a llevarle un ramo de flores. ¿Quién podría no estar conmovido por este gesto?

La imagen delante de la cual se arrodilló Francisco se llama *Salus Populi Romani*, Protectora del Pueblo Romano. Se dice que fue pintada por San Lucas, autor del evangelio que muestra más que cualquier otro el lado de sufrimiento de la vida de Cristo y también de la vida de María. Por lo menos a partir del siglo xv, se atribuyeron a esta imagen muchas curaciones y, sucesivamente, fue utilizada en particular por los jesuitas para incrementar la devoción a la Madre de Dios, gracias al movimiento de las Congregaciones Marianas.

La *Salus Populi Romani* es solo una de las muchas imágenes supuestamente atribuibles a Lucas. Pero la tradición que dice que esta es la imagen original, pintada por el mismo San Lucas cuando la Virgen María estaba todavía viva, es muy fuerte.

Esto es lo que nos dice la tradición: después de la crucifixión, cuando Nuestra Señora se trasladó al hogar de San Juan, llevó consigo algunos objetos personales, entre los que había una mesa construida por el mismo Jesús en el taller de San José. Cuando las vírgenes piadosas de Jerusalén convencieron San Lucas a pintar un retrato de la Madre de Dios, la superficie de esta mesa fue utilizada para inmortalizar su imagen. Mientras que la pintaba, San Lucas escuchaba a la madre de Jesús hablar de la vida de su hijo y, más adelante, San Lucas narró esta historia en su evangelio.

Sea cual sea la verdad objetiva de esta tradición piadosa, este icono es por cierto la imagen más importante de María de la Iglesia Católica. A través de la veneración de este icono, de la veneración a la misma Virgen María, Francisco quiso seguir los pasos de los diferentes papas que o habían precedido.

En el año 593, el papa San Gregorio quiso que se transportara el icono por toda Roma y rezó por el fin de la peste negra. El Papa San Pío V, en 1571, hizo lo mismo y rezó por la victoria en la batalla de Lepanto. El papa Gregorio XVI, en 1837, volvió a hacer lo mismo pidiendo por el fin de una epidemia de cólera.

El papa Pío XII, cuando todavía era padre Eugenio Pacelli, el 1 de abril de 1899 celebró su primera misa delante de este icono, y en 1953, año en que el papa Francisco se comprometió a ser sacerdote, el icono fue llevado por toda Roma por el inicio del primer año mariano en la historia de la Iglesia. En el 1954 la imagen fue coronada por el papa Pío XII, mientras introducía también una nueva fiesta mariana, la Fiesta de María Reina. El papa Pablo VI, el papa Juan Pablo II, el papa Benedicto XVI y el papa Francisco, todos honraron la *Salus Populi Romani* con visitas personales y celebraciones litúrgicas.

Pero ningún papa todavía había ido tan prontamente a venerar este icono. Ningún papa había parecido tan dedicado a hacerle honor y reverencia a María antes de hacer cualquier otra cosa. Y por eso este primer gesto del pontificado fue tan revelador. Al cruzar la ciudad con prontitud, en la primera mañana tras el día de su elección, después del amanecer, para llevarle flores a la Virgen María, presente en la imagen más antigua y venerada del mundo mariano, el papa Francisco estaba declarando su amor para la madre de Jesús.

¿Por qué María inspira tanta devoción?

Para los católicos, y especialmente para los católicos preconciliares, María es central porque pone toda su vida y su atención en Jesús, lleva a todos hacia Jesús; ella era su madre, su protectora, su defensora; era la mujer cuya fe le permitió ser la "vasija" a través de la cual Jesús pudo entrar en el mundo; era la mujer que sintetiza en su propio ser todo lo que esperaba el pueblo de Israel a lo largo del tiempo; era la mujer cuya pureza, valentía y fidelidad permitieron que esas esperanzas se cumplieran en el Salvador prometido, el Mesías.

Hay un gran himno que resume, para los católicos, la espiritualidad de María y es central en la espiritualidad del papa Francisco. Se llama el *Magníficat* (en latín, significa "[Mi alma] magnifica [el Señor]"). El himno fue recitado por la misma María el día en que visitó a su prima Isabel, la madre de Juan Bautista. El texto del himno se encuentra solamente en el evangelio de Lucas (1,46–55). Los otros evangelios no lo mencionan.

Proclama mi alma la grandeza del Señor,
se alegra mi espíritu en Dios, mi salvador;
Porque ha mirado la humillación de su esclava.
Desde ahora me felicitarán todas las generaciones,
Porque el Poderoso ha hecho obras grandes por mí:
su nombre es santo,
Y su misericordia llega a sus fieles
de generación en generación.
Él hace proezas con su brazo:
dispersa a los soberbios de corazón,

Derriba del trono a los poderosos
y enaltece a los humildes,
A los hambrientos los colma de bienes
y a los ricos los despide vacíos.
Auxilia a Israel, su siervo,
acordándose de la misericordia,
como lo había prometido a nuestros padres
en favor de Abrahán y su descendencia por siempre.

El sentido es claro: Dios está con los humildes, con los pobres, con los mansos. El papa Francisco es un papa mariano. Se inspira en la espiritualidad del Magníficat y esto es esencial para la mente y el corazón.

El papa San Pío V y el Rosario

Mientras estaba en la basílica de Santa María Mayor, el papa Francisco también se arrodilló y rezó ante la tumba del papa San Pío V (1504–1572) que promulgó la edición del Misal Romano de 1570 y el cual quiso que fuera obligatorio en casi todo el rito latino de la Iglesia Católica. Esta forma de la misa se mantuvo esencialmente sin cambios hasta la revisión del Misal Romano entre los años 1969 y 1970 bajo el papa Pablo VI. Es la forma que muchos hoy en día llaman "la vieja misa en latín", o "la misa tridentina" o, a partir de 2007, la "forma extraordinaria" de la misa. Está claro que el papa Francisco, en el acto de arrodillarse y rezar ante la tumba de este grande Papa santo, estaba expresando respeto por su figura y su trabajo, y razonablemente también a la forma de la misa que él codificó.

Además el papa Pío V, obtuvo notoriedad cuando era cardenal porque antepuso la ortodoxia a las relaciones personales, procesando ocho obispos franceses por herejía. Se mantuvo firme contra el nepotismo reprendiendo también a su predecesor, el papa Pío IV, cuando quiso nombrar cardenal a un miembro de su familia de tan solo trece años de edad. Para un papa como Francisco, que quiere acabar con la corrupción, la oración ante la tumba de Pío V adquiere mucho sentido.

Por último, Pío V ordenó la formación de la Liga Santa, una alianza de estados católicos que derrotó al Imperio otomano en la batalla de Lepanto en el año 1571. Pío V atribuyó la victoria a la intercesión de la Santísima Virgen María y el 7 de octubre instituyó la fiesta de Nuestra Señora de la Victoria. En 1573, el Papa Gregorio XIII le cambió el nombre a Fiesta del Santo Rosario. También este es un indicio de la espiritualidad del papa Francisco porque reza el rosario todos los días, como él ha dicho.

En un homenaje al papa Juan Pablo II, escrito en 2005 después de la muerte del papa polaco, y publicado en la revista 30 *Giorni*, el cardenal Bergoglio cuenta cómo el ejemplo del Papa lo hizo "recitar los quince misterios del Rosario todos los días".

"Sí, recuerdo muy bien, era en 1985", escribió Bergoglio. "Una noche fui a rezar el Santo Rosario que estaba siendo dirigido por el Santo Padre. Estaba delante de todos, de rodillas. Era un grupo numeroso, vi al Santo Padre de la parte de atrás, poco a poco me perdí en la oración. No estaba solo: estaba orando en medio del pueblo de Dios al que yo y todos los que estaban allí pertenecemos dirigidos por nuestro Pastor.

"En medio de la oración, me distraje mirando a la figura del Papa: su piedad, su devoción era un testimonio" continúa. "Y el tiempo me hizo alejar, y empecé a imaginar al joven sacerdote, al seminarista, al poeta, al trabajador, al niño de

Wadowice... en la misma posición en la que se arrodilló en ese momento, después de recitar el Avemaría. Su testimonio me llamó la atención".

Bergoglio añadió: "Sentí que este hombre, elegido para dirigir la Iglesia, estaba siguiendo un camino que sube a su Madre en el cielo, un camino trazado desde su niñez. Y me di cuenta de la densidad de las palabras de la Madre de Guadalupe a San Juan Diego: 'No temas, ¿no soy acaso tu madre?'. Sentí la presencia de María en la vida del Papa.

"Ese testimonio no se me olvida nunca. A partir de ese momento recito los quince misterios del Rosario todos los días".

Asique cuando el papa Francisco rezó ante la tumba del papa Pío XII, se mostró como un hombre con una piedad católica muy tradicional, además de una humildad extraordinaria y un amor a la sencillez y a los pobres. ¿Pero ese gesto tenía todavía más importancia?

Después de su elección, Pío V tomó las medidas necesarias para reducir los costes de la corte papal. Los primeros indicios del papa Francisco parecen indicar que también él buscará seguramente reducir los costos de la curia vaticana.

Como se mencionó anteriormente, ya vimos una señal de esta simplicidad y frugalidad cuando el papa Francisco dijo al nuncio en Argentina que pidiera a todos los obispos, sacerdotes, religiosas y fieles de su país que no viajaran a Roma el 19 de marzo para la misa de inicio de su pontificado, sino que ahorraran el dinero y se lo dieran a los pobres.

"Tengo el honor y gusto de dirigirme a Usted para informarle que el Santo Padre Francisco me ha pedido que transmita a todos los obispos, sacerdotes, religiosos, religiosas y a todo el pueblo de Dios, el tranquilo agradecimiento por sus oraciones y las expresiones de cariño, afecto y de caridad que ha recibido", escribió el arzobispo Emil Paul Tscherrig, nuncio apostólico en Argentina. "Al mismo tiempo desearía que, en lugar de ir a Roma para el inicio de su pontificado el próximo 19 de marzo, continúen con esa cercanía espiritual tan apreciada, acompañando con algún gesto de caridad a los más necesitados".

La Virgen Peregrina de Fátima

Como arzobispo de Buenos Aires, el papa Francisco recibió la estatua de la Virgen Peregrina de Fátima el 19 de abril de 1998. Después de la acogida, la imagen de la Virgen salió en procesión hasta el Colegio de Nuestra Señora de Fátima, donde se celebró la Eucaristía.

Bergoglio pronunció una breve homilía en la que reflexionó sobre la figura de María como la madre que da la bienvenida y conforta a todos sus hijos, conociendo sus oraciones, deseos y alegrías.

"¡Bienvenida a casa, madre! Cuida a mi familia, sabes lo que necesita", rezó. "Mira a través de nuestro barrio, sabes justo dónde ir. Mira dentro de mi corazón, tú lo sabes mejor que yo. Bienvenida a casa!".

Es una oración que el Papa puede repetir ahora, pero su barrio ya no es sólo Buenos Aires. Se ha convertido en todo el mundo.

En el camino de regreso al Vaticano desde Santa María Mayor, el Papa le pidió al chofer que pasara por la Domus Internationalis Paulus VI, una casa de propiedad del Vaticano para sacerdotes, obispos y cardenales visitantes, donde él estaba alojado en los días antes del cónclave.

Por una parte el motivo del regreso fue que había dejado

su equipaje en el cuarto, pero por otra parte decidió pasar por la recepción, saludar a los empleados y pagar su cuenta (no es claro cuánto pagó, pero el costo para la "pensión completa" en la casa Paulus VI es alrededor de 85 euros, o 110 dólares, por noche).

Todo estaba en consonancia con la reputación de frugalidad del nuevo pontífice, dijo el Vaticano.

Francisco había sido Papa por solo medio día.

CAPÍTULO 3

....

Primera misa y mensaje
a los cardenales

14 DE MARZO: CAMINANDO,
CONSTRUYENDO, PROFESANDO

"Cuando no se confiesa a Jesucristo, me viene a la memoria la frase de Léon Bloy: 'Quien no reza al Señor, reza al diablo'".

—*Francisco a sus cardenales en su primera homilía como Papa, 14 de marzo*

A las cinco de la tarde del 14 de marzo, Francisco celebró su primera misa como papa. Fue una misa *pro ecclesia* (para la Iglesia), a la que asistieron los mismos cardenales que lo habían elegido en la Capilla Sixtina el día anterior. La ceremonia fue transmitida en directa por la televisión italiana.

Varios aspectos de esta misa interesaron a los observadores. En primer lugar, el papa Francisco se fue del trono papal al púlpito para pronunciar su homilía, como un sacerdote común. En segundo lugar, tenía unos vestimentos muy simples. En tercer lugar, habló sin un texto preparado. Francisco podría haber pedido a alguien que le escribiera un texto, y después haber hecho revisiones, pequeñas o grandes que fueran, pero prefirió hacer una meditación espontánea, más directa, más familiar y más auténtica.

Francisco habló por unos siete minutos en italiano con soltura, lentamente, con claridad y elocuencia. Construyó su homilía alrededor de tres palabras: *camminare* (caminar), *edificare* (construir) y *confessare* (confesar o dar testimonio de la gloria de Cristo y de su cruz).

Pidió a los cardenales que caminaran con él y si se caían, que se levantaran y volvieran a caminar. Les pidió que construyeran junto a él la Iglesia y que confesaran a Cristo junto a él, siempre a Cristo con su cruz.

"En estas tres lecturas" empezó el papa Francisco, "veo que hay algo en común: es el movimiento". Al utilizar esta palabra, el *movimiento*, Francisco ya estaba indicando algo importante: que deseaba la actividad, la vida, la acción, el trabajo —en una palabra, el movimiento— y no una Iglesia estática, inmóvil, satisfecha de sí misma. Era incluso una alusión a su afecto por los nuevos "movimientos" en la Iglesia, entre los que estaba Comunión y Liberación, movimiento fundado por el sacerdote italiano Don Luigi Giussani (1922–2005) en 1954, que él apreciaba mucho.

"En la primera lectura, el movimiento en el camino; en la segunda lectura, el movimiento en la edificación de la Iglesia; en la tercera, en el Evangelio, el movimiento en la confesión. Caminar, edificar, confesar" continuó.

En estas palabras, el Papa estaba revelando su propio programa.

Entonces citó el primer verso de la escritura de su pontificado, un verso del profeta Isaías: "Casa de Jacob, venid; caminemos a la luz del Señor (Is 2:5)". Subrayó la conexión entre este verso y el comienzo del viaje de Israel, viaje que llevaría a la tierra prometida y, a continuación, al nacimiento de Jesús. "Esta es la primera cosa que Dios ha dicho a Abrahán: Camina en mi presencia y sé irreprochable", dijo Francisco a los cardenales. "Caminar: nuestra vida es un camino y cuando nos paramos, algo no funciona. Caminar siempre, en presencia del Señor, a la luz del Señor, intentando vivir con aquella honradez que Dios pedía a Abrahán, en su promesa".

Fue una llamada a la vida moral, a la vida cristiana y a la vida santa. Fue una llamada resonante, visto todos los escándalos que afectaron a la Iglesia en los últimos años, desde los pecados de los sacerdotes, a la lucha interna en la curia romana que estalló en el escándalo "Vatileaks" en 2012.

A continuación, hablando muy sencillamente, el Papa empezó a hablar directamente de su objetivo: "edificar".

Muchos de los que estaban escuchando entendieron inmediatamente que el Papa estaba haciendo referencia a las palabras que, en un momento místico, San Francisco de Asís se sintió decir por Cristo cuando estaba de rodillas ante el crucifijo de la iglesia de San Damián, en Asís, a principios del año 1200: "Francisco, vete y repara mi Iglesia, que se está cayendo en ruinas", palabras que suscitaron su vocación.

El papa Francisco dijo a sus cardenales: "Edificar la Iglesia. Se habla de piedras: las piedras son consistentes; pero piedras vivas, piedras ungidas por el Espíritu Santo. Edificar la Iglesia, la Esposa de Cristo, sobre la piedra angular que es el mismo Señor. He aquí otro movimiento de nuestra vida: edificar".

Claramente Francisco estaba llamando a los cardenales a unir sus fuerzas a las suyas para renovar la Iglesia, para construir el edificio espiritual sobre la "piedra angular", Cristo, para construir no solo una estructura hecha con un mármol precioso, con hermosas (pero inanimadas) esculturas y ventanas, sino una iglesia "viva", hecha de "piedras vivas".

Entonces Francisco retomó su tercera palabra: "confesar". Y habló despacio, casi como en una conversación privada: "Tercero, confesar. Podemos caminar cuanto queramos, podemos edificar muchas cosas, pero si no confesamos a Jesucristo, algo no funciona. Acabaremos siendo una ONG asistencial, pero no la Iglesia, Esposa del Señor".

Este pasaje era clave. Cuando Francisco dijo que la Iglesia podría convertirse en "una ONG asistencial" (ONG significa una organización no gubernamental, una organización filantrópica que apoya causas sociales), estaba diciendo que la Iglesia podría perder su identidad. Estaba haciendo una distinción clave explicitando que la Iglesia no podría ser simplemente una organización para el bienestar social, sino que tenía que ser algo más, "la esposa del Señor".

El Papa, entonces, dijo: "Cuando no se camina, se está parado. ¿Qué ocurre cuando no se edifica sobre piedras?". Y contestó a su propia pregunta: "Sucede lo que ocurre a los niños en la playa cuando construyen castillos de arena. Todo se viene abajo. No es consistente".

Una imagen sorprendente. Estaba diciendo que la misma Iglesia podría derrumbarse como un castillo de arena en la playa si la Iglesia no se basa en Cristo, si busca otra base, incluso la base de las buenas obras. La Iglesia solo puede estar segura cuando se basa en Cristo; de lo contrario, se derrumba bajo las presiones del mundo. Francisco estaba pidiendo a los cardenales y a todos los que escuchaban que se comprometieran con la Iglesia y que comprometieran, nuevamente, la Iglesia a Cristo, como punto de partida para cualquier actividad, cualquier movimiento, cualquier proceso de edificación.

Y entonces subrayó este pensamiento con una observación políticamente incorrecta: "Cuando no se confiesa a Jesucristo, me viene a la memoria la frase de Léon Bloy: 'Quien no reza al Señor, reza al diablo'. Cuando no se confiesa a Jesucristo, se confiesa a la mundanidad del diablo, la mundanidad del demonio".

La referencia al diablo cayó como una jarra de agua fría, inesperada. Hablando sobre Cristo, de repente, había cambiado de marcha. Había hablado sobre Cristo como la piedra angular de la Iglesia y de repente estaba diciendo que al abandonar a Cristo, al apartarse de Cristo, al dejar a Cristo de lado para hacer las "buenas obras" sin Cristo, no simplemente nos "perdemos" de Cristo, es decir, no simplemente permanecemos "neutrales", pero de hecho negamos a Cristo, y abrazamos al diablo, al "maligno". Fueron palabras dramáticas que venían directamente desde el corazón del nuevo Papa.

Entonces Francisco empezó a hablar de la cruz. Había empezado a hablar de caminar, de construir, y parecía como tener el sentido de arremangarse la camisa y ponerse a trabajar para lograr grandes cosas, a la luz del día, bajo el sol. Pero ahora hablaba de sombras. De problemas. Del sufrimiento.

"Caminar, edificar, construir, confesar. Pero la cosa no es tan fácil, porque en el caminar, en el construir, en el confesar, a veces hay temblores, existen movimientos que no son precisamente movimientos del camino: son movimientos que nos hacen retroceder... El mismo Pedro que ha profesado a Jesucristo, le dice: 'Tú eres el Mesías, el Hijo de Dios vivo. Te sigo, pero no hablemos de cruz. Esto no tiene nada que ver. Te sigo de otra manera, sin la cruz'. Cuando caminamos sin la cruz, cuando edificamos sin la cruz y cuando confesamos un Cristo sin cruz, no somos discípulos del Señor: somos mundanos, somos obispos, sacerdotes, cardenales, papas, pero no discípulos del Señor".

No había duda de que el Papa era "realista", ese tipo de realismo cristiano con el que los evangelistas miraron todos los pasos que se refieren a la traición de Pedro, con el tipo de realismo que se percata de cómo se equivocan todos los hombres, el realismo que dice que cada vida tendrá su sufrimiento que tiene que ser afrontado y aguantado.

Y en ese momento Francisco concluyó esta breve y dramática homilía con una oración, un deseo: "Quisiera que todos" dijo, "después de estos días de gracia, tengamos el valor, precisamente el valor, de caminar en presencia del Señor, con la cruz del Señor; de edificar la Iglesia sobre la sangre del Señor, derramada en la cruz; y de confesar la única gloria: Cristo crucificado. Y así la Iglesia avanzará".

Con estas palabras estaba terminando su homilía. Quería que sus compañeros cardenales mostraran coraje. Quería que "confesar[an] la única gloria: Cristo crucificado" y no estuvieran preocupados por el honor mundano o por una vida desahogada. Estas palabras fueron poderosas, elocuentes, dichas con sencillez, verdadera pasión y convicción.

"Deseo que el Espíritu Santo, por la plegaria de la Virgen, nuestra Madre, nos conceda a todos nosotros esta gracia" concluyó. "Caminar, edificar, confesar a Jesucristo crucificado. Que así sea".

En esta homilía el papa Francisco hizo una cosa que llamó la atención a todos. No citó a San Agustín o a Santo Tomás de Aquino, o incluso a San Francisco o a San Ignacio, sino un brillante y polémico converso al catolicismo francés de finales del siglo XIX, Léon Bloy.

Esta citación fue otro indicio importante de la mente y del corazón del nuevo papa Francisco; estaba dejando en claro su aprecio por este escritor, uno de los autores más "políticamente incorrectos" de todos los tiempos, un hombre al que se llamó "peregrino del Absoluto", debido a su amor inquebrantable por Cristo.

Bloy era hijo de un seguidor de Voltaire, anticatólico, y fue criado como agnóstico. Se convirtió al catolicismo en 1868 y decidió vivir una vida de pobreza radical, dependiendo completamente de la caridad.

Sus libros están llenos de frases memorables como: "Los sacerdotes son letrinas. Están ahí para que la humanidad derrame nuestra inmundicia", y "El peor mal no es el delito cometido, sino no haber obrado el bien que uno podría haber hecho". Debido a su "intolerancia", Bloy fue odiado por los grandes de la época como Emile Zola, Guy de Maupassant, Renan Ernest y Anatole France, pero su catolicismo radical inspiró en Francia una ola de conversiones en el siglo XX que incluye personalidades como Georges Rouault, Maxence Van der Meersch y los filósofos Jacques y Raïssa Maritain.

Bloy no solo era un furioso polemista y apologista. Fue también un místico que se expresaba con una elocuencia llena de amor: "El amor no te hace débil, porque es la fuente de toda fortaleza, pero te hace ver la nadería de la fuerza ilusoria en la que dependías antes de que lo conocieras".

Bloy anhelaba la santidad, el martirio, pero se consideraba un pecador dependiente de la misericordia de Dios. Esta es una actitud que vemos también en la vida del papa Francisco. La frase que el Papa cita, "Quien no reza al Señor, reza al diablo", ciertamente no es políticamente correcta. De hecho, es una de las observaciones más políticamente incorrectas que podría citar el nuevo Papa. Vivimos en una época cada vez más "descristianizada", donde la figura de Cristo, alrededor de la que se construyó la cultura occidental durante siglos, se encuentra cada vez más marginada y desterrada. Así que el intento de Bloy, y de Francisco al citar a Bloy, de poner a Cristo de nuevo.en el centro de la atención del hombre, es un contraataque a este proceso de secularización. Y el Papa citó a Bloy refiriéndose a la misma actividad en la que había enfocado sus primeras declaraciones la noche anterior desde el balcón: la oración.

"Quien no reza al Señor, reza al diablo". Es decir, en la oración, en el momento tan "bonito" de la oración, todavía hay una opción: rezar al Señor o al diablo. El papa Francisco, siguiendo a Bloy, estaba diciendo que hay una clara alternativa: Cristo o lo demoníaco.

Sabemos que San Juan describe a Cristo como la Palabra de Dios, el Logos de Dios, y sabemos que logos significa el propósito, el significado mismo. Por lo tanto, entendemos que el Papa estaba diciendo que solo hay un único propósito, un único significado, un único logos que puede proporcionar al hombre la claridad y la densidad de significado al que el mismo hombre anhela: el significado absoluto.

Para Bloy y para Francisco, ese logos absoluto, ese significado puro, es Cristo. Cualquier otra cosa no alcanza la altura de ese significado puro, es decir, se tiñe de confusión e incertidumbre, y a veces queda tan manchado por la confusión que se vuelve confusión pura y absoluta, que es lo demoníaco.

El papa Francisco no estaba mordiéndose la lengua. Sus palabras eran plenamente evangélicas, enteramente cristocéntricas. El Papa estaba diciendo que "Cristo es el único Salvador" y que es el único Salvador "de todas las personas", de cada ser humano, cristiano o no cristiano, que viva en el mediterráneo o en el último rincón de la tierra, vivo hoy, en el pasado o en el futuro. Francisco estaba expresando una visión universal de la misión y de la obra salvífica de Cristo.

Si en la madrugada el viaje del Papa por las calles de Roma lo hizo con el propósito de expresar su devoción a María, por la tarde su discurso a los cardenales era la profesión de una fe íntegra e inquebrantable en el Cristo Resucitado.

De la espiritualidad mariana expresada por la mañana, en su visita a Santa María Mayor, habíamos llegado a la espiritualidad cristocéntrica en su discurso, por la tarde, a los cardenales.

Al terminar el discurso, el Papa saludó personalmente a todos los cardenales.

Las llaves de casa

El jueves por la tarde, veinticuatro horas después de su elección, el papa Francisco recibió las llaves de los apartamentos papales. El cardenal Tarcisio Bertone, de setenta y ocho años, Secretario de Estado bajo el Papa Benedicto XVI, y cuyo deber como *camerlengo,* o chambelán, durante la *sede vacante* fue el de custodiar los apartamentos cerrados, cortó la cinta roja que sellaba las puertas y dio las llaves plateadas al nuevo pontífice.

El prefecto de la Casa Pontificia, monseñor Georg Gänswein, entró sucesivamente para mostrar al Papa su nuevo hogar. Mientras que el nuevo Papa estaba en la puerta mirando hacia la oscuridad de los cuartos vacíos, el arzobispo Gänswein, secretario personal del papa emérito Benedicto, pareció vacilar. Por un instante, ambos hombres miraron a la oscuridad, y luego Gänswein se fue para adelante a encender el interruptor de la luz. Conocía bien el camino, había vivido en esta casa durante casi ocho años. Llegó a la pared del fondo, tocó el interruptor y se encendieron las luces en los apartamentos.

Francisco entró en las habitaciones que habían sido abandonadas por Benedicto apenas dos semanas antes y ahora eran para él.

La incertidumbre inicial de Gänswein, su paso prudente hacia la oscuridad, mientras que los demás esperaban pacientemente, parecía hablar de la fragilidad de los hombres en medio del flujo del tiempo y del cambio. Ahora vemos como a través de un espejo, en la oscuridad, y sólo después de la muerte veremos cara a cara, cómo somos vistos.

CAPÍTULO 4

....

Primera reunión con los cardenales

"Como el vino bueno, que mejora con los años, ofrezcamos esta sabiduría de la vida".

—*el papa Francisco, hablando a los reunidos*
cardenales de la Iglesia, 15 de marzo, 2013

En la mañana del segundo día como pontífice, Francisco se
reunió con el Colegio Cardenalicio en el Palacio Apostólico. Allí pronunció un discurso notable, una reflexión sobre
la vejez. Parecía que el Papa estaba hablando de cómo iba a
tratar a Benedicto, nueve años mayor que él, después de su
decisión de renunciar a ser papa.

Francisco habló sobre la creación de una "armonía" dentro del Colegio Cardenalicio. Sus palabras fueron eco de las
palabras de Benedicto XVI del 28 de febrero, en su último
discurso al Colegio Cardenalicio antes de su renuncia al ministerio petrino.

"Queridos Hermanos: ¡Ánimo!" empezó. "La mitad de
nosotros tiene una edad avanzada: la vejez es —me gusta
decirlo así— la sed de sabiduría de la vida. Los viejos tienen

la sabiduría de haber caminado en la vida, como el anciano Simeón, la anciana Ana en el Templo. Y justamente esta sabiduría los ha hecho reconocer a Jesús. Ofrezcamos esta sabiduría a los jóvenes: como el vino bueno, que mejora con los años, ofrezcamos esta sabiduría de la vida".

En la Sala Clementina, Francisco se estaba dirigiendo a todo el Colegio Cardenalicio, electores y no electores. Improvisó varias veces en su discurso, incluso cuando les informó que el cardenal Jorge Mejía, de noventa años, también argentino, había tenido un ataque de corazón dos días antes y estaba ahora recuperándose en Roma en la clínica privada Pío XI.

Antes de iniciar su discurso, el Papa escuchó el saludo que el cardenal Angelo Sodano, decano del Colegio Cardenalicio, leyó en nombre de todo el Colegio. "Demos gracias a Dios Nuestro Señor. Es la invitación litúrgica que nosotros, los padres cardenales, nos dirigimos recíprocamente, entre los "sénior" y los "junior", para agradecer al Señor el don que ha hecho a su Santa Iglesia dándole un nuevo Pastor... Sepa, Santo Padre, que todos nosotros, sus cardenales, estamos a su entera disposición buscando formar con Usted el Cenáculo Apostólico de la Iglesia naciente, el cenáculo de Pentecostés. Procuraremos mantener 'la mente abierta y el corazón creyente' como Usted ha escrito en su Libro de Meditaciones".

En su discurso, Francisco dijo que este encuentro "quiere ser casi una prolongación de la intensa comunión eclesial experimentada en estos días. Animados por un profundo sentido de responsabilidad, y apoyados por un gran amor por Cristo y por la Iglesia, hemos rezado juntos, compartiendo fraternalmente nuestros sentimientos, nuestras experiencias y reflexiones. Así, en este clima de gran cordialidad, ha crecido el conocimiento recíproco y la mutua apertura; y esto es bueno, porque somos hermanos".

Un punto central de su discurso fue expresar su "gran afecto" y "profunda gratitud" a "mi venerado Predecesor, el papa Benedicto XVI".

Francisco habló especialmente sobre el cristocentrismo de la espiritualidad de Benedicto y de su pontificado. "El ministerio petrino, vivido con total dedicación", dijo Francisco, "ha tenido en él un intérprete sabio y humilde, con los ojos siempre fijos en Cristo, Cristo resucitado, presente y vivo en la Eucaristía".

A continuación, Francisco habló de una manera muy profunda sobre la acción del Espíritu Santo. "[Nuestro] conocimiento y esta apertura nos han facilitado la docilidad a la acción del Espíritu Santo", dijo. "Él, el Paráclito, es el protagonista supremo de toda iniciativa y manifestación de fe... es [él] quien mantiene la unidad de estas diferencias, no en la 'igualdad', sino en la armonía. Recuerdo aquel Padre de la Iglesia que lo definía así: *'Ipse harmonia est'*. El Paráclito, que da a cada uno carismas diferentes, nos une en esta comunidad de Iglesia, que adora al Padre, al Hijo y a él, el Espíritu Santo".

Estas palabras son también muy evocadoras de las palabras de Benedicto XVI del 28 de febrero. Benedicto exhortó a sus cardenales a rezar para que el Colegio Cardenalicio pudiera ser "como una orquesta", donde la diversidad, como expresión de la Iglesia Universal, siempre contribuye a un sentido de la armonía más grande. La Iglesia, subrayó el papa Benedicto XVI, es un cuerpo vivo, "como se ve claramente en los peregrinos congregados en la plaza de San Pedro para la audiencia general del miércoles pasado". A través de la Iglesia, dijo Benedicto, el misterio de la Encarnación "se mantiene siempre presente" para que "Cristo siga caminando a través de todo el tiempo y en todo lugar".

La continuidad entre el último discurso de Benedicto XVI y el primero de Francisco se hizo aún más evidente gracias a la cita del papa Benedicto por parte de Francisco.

Francisco dijo que "el periodo dedicado al Cónclave ha estado cargado de significado, no solo para el Colegio Cardenalicio, sino también para todos los fieles. En estos días hemos sentido casi de manera tangible el afecto y la solidaridad de la Iglesia universal, así como la atención de tantas personas que, aun sin compartir nuestra fe, miran con respeto y admiración a la Iglesia y a la Santa Sede".

Luego continuó: "Y pienso con gran afecto y profunda gratitud en mi venerado Predecesor, el papa Benedicto XVI, que durante estos años de pontificado ha enriquecido y fortalecido a la Iglesia con su magisterio, su bondad, su dirección, su fe, su humildad y su mansedumbre. Seguirán siendo un patrimonio espiritual para todos".

Además observó que "como nos ha recordado tantas veces el papa Benedicto XVI en sus enseñanzas, y al final con ese gesto valeroso y humilde, es Cristo quien guía a la Iglesia por medio de su Espíritu. El Espíritu Santo es el alma de la Iglesia, con su fuerza vivificadora y unificadora: de muchos, hace un solo cuerpo, el Cuerpo místico de Cristo".

Continuó, "Nunca nos dejemos vencer por el pesimismo, por esa amargura que el diablo nos ofrece cada día; no caigamos en el pesimismo y el desánimo: tengamos la firme convicción de que, con su aliento poderoso, el Espíritu Santo da a la Iglesia el valor de perseverar y también de buscar nuevos métodos de evangelización, para llevar el Evangelio hasta los extremos confines de la tierra (cf. Hch 1,8)".

Esta fue la segunda vez en dos días que Francisco mencionó al "maligno".

Después, Francisco dijo algo que recuerda la enseñanza de Don Luigi Giussani, fundador del movimiento de Comunión y Liberación, cuyas obras han sido estudiadas por el papa Francisco desde el inicio de 1990. Dijo a sus cardenales, "La verdad cristiana es atrayente y persuasiva porque responde a la necesidad profunda de la existencia humana, al anunciar de manera convincente que Cristo es el único Salvador de todo el hombre y de todos los hombres. Este anuncio sigue siendo válido hoy, como lo fue en los comienzos del cristianismo, cuando se produjo la primera gran expansión misionera del Evangelio".

Francisco concluyó su discurso con una expresión muy común en la enseñanza del Papa Emérito Benedicto, que el "rostro de Cristo" es lo que deseamos ver, que la "cara hermosa" de Cristo, el esplendor de aquel rostro, será, de hecho, la bendición de la comunión definitiva en la eternidad.

Y esta calidad cristocéntrica del discurso de Francisco se hizo todavía más aguda en sus palabras finales: "Ahora volveréis a las respectivas sedes para continuar vuestro ministerio, enriquecidos por la experiencia de estos días, tan llenos de fe y de comunión eclesial. Esta experiencia única e incomparable nos ha permitido comprender en profundidad la belleza de la realidad eclesial, que es un reflejo del fulgor de Cristo resucitado. Un día contemplaremos ese rostro bellísimo de Cristo resucitado".

Y concluye el discurso a los cardenales con una poderosa llamada a que "nunca se dejen vencer por esa amargura que el diablo ofrece", sino que busquen siempre el "rostro bellísimo" —habla de la belleza de Cristo, no de su bondad o su veracidad, como su calidad más "atractiva"— que, dijo Francisco, sería la cara que todos iban a ver al final del camino de la vida.

Luego por la tarde, en el secreto más total, con un coche sin identificación, se fue a un hospital romano, donde el cardenal Jorge Mejía estaba siendo atendido. Francisco, yendo a visitar a Mejía, demostró una vez más su sencillez: fue casi sin acompañadores, sin guardaespaldas, muy discretamente. La visita, no planificada, duró unos treinta minutos. Fue la segunda salida pública desde el inicio de su pontificado. Después de saludar al cardenal, el Papa se detuvo en la capilla del hospital para rezar con las trece monjas de la Orden de San José de Gerona, que trabajan en ese hospital. Habló individualmente con las religiosas y con las demás personas que estaban en la capilla.

Controversias y acercamiento

El segundo día del pontificado fue marcado por una gran cantidad de denuncias —en toda la prensa mundial— contra el cardenal Bergoglio. Se lo acusaba de haber "colaborado" con la junta militar argentina durante la década de 1970, cuando unos treinta mil opositores al gobierno fueron detenidos, y muchos asesinados, por el régimen.

El padre Federico Lombardi, S.J., director de la Oficina de Prensa de la Santa Sede, leyó una declaración en la conferencia de la tarde en respuesta a las acusaciones.

"La campaña contra Jorge Mario Bergoglio es bien conocida

y se remonta ya a diversos años", empezó el padre Lombardi. Entonces, el director de prensa, desmontó la credibilidad de la fuente. La campaña, dijo, estaba promovida por "una publicación que lanza, a veces, noticias calumniosas y difamatorias". Luego añadió, "El cariz anticlerical de esta campaña y de otras acusaciones en contra de Bergoglio es notorio y evidente".

Entonces Lombardi atacó las mismas acusaciones. Comenzó por decir que los acusadores devinieron desde "la época en que Bergoglio no era todavía obispo [de Buenos Aires], sino Superior de los Jesuitas en Argentina".

Los que lo acusaban decían "que él no habría protegido a dos sacerdotes que fueron secuestrados", dijo Lombardi. "No ha habido nunca una acusación ni concreta, ni creíble, contra su persona. La Justicia argentina lo interrogó una vez en calidad de persona informada de los hechos, pero no lo imputó nunca de nada. Bergoglio ha negado siempre, de forma documentada, las acusaciones" añadió.

Según el Vaticano, las acusaciones no estaban basadas en los hechos. En cambio, la verdad era que Bergoglio había ayudado a proteger a muchas personas. Lombardi continuó: "Hay numerosas declaraciones que demuestran todo lo que hizo Bergoglio para proteger a muchas personas en la época de la dictadura militar. También es conocido el papel desempeñado por Bergoglio —una vez obispo— para promover la petición de perdón por parte de la Iglesia en Argentina por no haber hecho bastante en la época de la dictadura".

Lombardi dijo que las acusaciones estaban llevadas a cabo por "ambientes anticlericales", que querían atacar a la Iglesia. Las acusaciones "deben rechazarse con firmeza", concluyó.

Francisco saluda a la comunidad judía de Roma

El segundo día de pontificado, el papa Francisco envió una carta al Dr. Riccardo Di Segni, rabino jefe de Roma, la comunidad judía más antigua desde la diáspora.

"En el día de mi elección como obispo de Roma y pastor de la Iglesia Universal", dice el texto, "lo saludo cordialmente y le anuncio que la inauguración solemne de mi pontificado tendrá lugar el martes 19 de marzo.

"Confiando en la protección del Altísimo, espero vivamente poder contribuir al progreso experimentado en las relaciones entre judíos y católicos a partir del Concilio Vaticano II, con un espíritu de colaboración renovada y al servicio de un mundo que cada vez esté más en armonía con la voluntad del Creador".

Cargos de la curia romana

En el segundo día de pontificado, el Papa dijo también que todavía no iba a tomar decisiones sobre el hecho de cambiar o no al personal de la curia romana. Y, entonces, no confirmó todos los cargos curiales que habían sido "invalidados" el 28 de febrero, tras la renuncia al trono papal de Benedicto XVI. A partir de ese día, ya no había ningún jefe en los dicasterios romanos. Todos estaban al servicio del pontífice reinante y, sin Papa, ya no tenían mandato para continuar en sus propios cargos. Todos los responsables de la curia romana —prefectos de las congregaciones, presidentes de los consejos— debían entonces ser confirmados o sustituidos por el nuevo Papa, para que el gobierno de la curia continuará normalmente. Tradicionalmente, los nuevos papas han vuelto a nombrar en sus cargos a los responsables de la curia en las veinticuatro horas siguientes a su elección. Pero Francisco no lo hizo. Y esta decisión, la de abstenerse de reconfirmar los cargos curiales, llamó la atención.

Evidentemente, Francisco necesitaba más tiempo para confirmar los cargos. Pero ¿cuánto tiempo más? ¿Iba a hacer rápidamente una serie de cambios? Nadie lo sabía. Él ya había demostrado que era capaz de tomar decisiones sorprendentes, como salir del Vaticano sin escolta para ir a la Basílica de Santa María Mayor, o luego pagar la factura de su habitación en la recepción de la residencia donde se había hospedado. ¿Serían también sorprendentes sus decisiones —o la falta de decisiones— con respecto a la curia?

....

CAPÍTULO 5

Primera reunión con los periodistas

16 DE MARZO: "PARA LOS POBRES"

"Y ante todo, quisiera rezar por nuestro obispo emérito, Benedicto XVI. Oremos todos juntos por él, para que el Señor lo bendiga y la Virgen lo proteja".

—*papa Francisco, durante su primer discurso público*
después de su elección, 13 de marzo de 2013

El tercer día de su pontificado, el 16 de marzo, se anunció oficialmente que el papa Francisco iría a Castel Gandolfo, a unos quince kilómetros en las afueras de Roma, para reunirse con el papa emérito Benedicto, el 23 de marzo. Esta era la tan esperada primera reunión de dos Papas en la historia. Según un comunicado del Vaticano, el papa Francisco dejaría el Vaticano en helicóptero al mediodía y llegaría a las 12:15 horas a Castel Gandolfo, donde se reuniría con el Papa Emérito para almorzar. El papa Francisco ya había rendido homenaje al papa emérito Benedicto en varias ocasiones, empezando por una llamada por teléfono la noche de su misma elección. Además, desde el balcón de la Basílica San Pedro,

Francisco pidió a todos que rezaran por Benedicto XVI. El viernes, en la reunión con sus cardenales, Francisco recordó la "bondad" de su predecesor y describió su decisión de dimitirse como un gesto "valeroso y humilde".

Una de las diferencias entre Benedicto y su sucesor fue inmediatamente evidente. El papa Francisco no usa los zapatos rojos que los precedentes papas habían usado normalmente. Esta tradición se remonta a más de doscientos años. No tiene ninguna importancia doctrinal, por supuesto. Pero es una tradición. Y Francisco, hasta ahora, no la sigue. Desde su elección, Francisco ha usado un par de zapatos negros comunes.

Los zapatos rojos de Benedicto fueron hechos a mano para él por un zapatero en el Barrio de Borgo Pío, la zona antigua de calles medievales justo al lado del Vaticano y de la plaza de San Pedro. Un par de zapatos rojos se hicieron para su sucesor y fueron expuestos durante los días previos al cónclave. Pero en cambio, el papa Francisco siguió usando sus viejos zapatos negros. Según los informes, antes de salir de Buenos Aires para ir a Roma, el cardenal Bergoglio llevaba zapatos tan desgastados que sus amigos insistieron en comprarle un nuevo par. "Siempre está vestido muy humildemente, y los zapatos que usaba no estaban en muy buena forma", dijo un sacerdote sudamericano a la Radio Vaticano.

El *New York Times* comentó: "[Francisco] tenía puestos unos simples zapatos negros y un reloj de pulsera normal, con una gruesa banda negra, en su primera misa como pontífice... En una institución antigua, donde el estilo a menudo se transforma en la substancia, Francisco, en sus primeras veinticuatro horas como Papa, ha cambiado dramáticamente el tono del papado. Mientras que Benedicto XVI, el papa emérito, fue un teólogo que prefirió los mocasines rojos, capas forradas de armiño, y homilías eruditas, retomando costumbres

papales de los siglos pasados, Francisco, el cardenal Jorge
Mario Bergoglio de Buenos Aires, apareció el jueves enviando
un mensaje de una radical humildad".

El amor para los pobres como misión central del cristiano

Este asunto relativo a los zapatos rojos y a los zapatos
negros no es sencillamente una cuestión de gusto o un
deseo de simplicidad. El papa Francisco nos está mostrando
su "programa" a través de esos pequeños gestos. Se trata de
establecer el amor para los pobres, los oprimidos, los miserables, los desesperados, en el centro de la misión del Papa, de
la jerarquía de la Iglesia, de la Iglesia en su conjunto y, por lo
tanto, de cada cristiano. El Papa nos está diciendo que, para
ser cristianos, para dar testimonio del amor de Cristo, de su
realidad y del amor que mostró en su vida y en su voluntad
de entregar su vida por nosotros en la cruz, debemos demostrar nuestro amor por los pobres y los oprimidos a través de
gestos evidentes, reales y prácticos.

Y el Papa dejó esto muy claro en su reunión con los cinco
mil miembros de la prensa de Roma. El tercer día después de
su elección, Francisco acordó reunirse con la prensa —como
siempre se hizo, y con esto mantuvo la tradición.

Una vez más se desprendió del texto ya escrito y explicó
por qué eligió el nombre Francisco, y por qué esta elección
marcará su pontificado.

"¿Saben ustedes por qué el obispo de Roma ha querido
llamarse Francisco?" preguntó.

Durante las elecciones, tenía al lado al arzobispo
emérito de San Pablo, y también prefecto emérito de

la Congregación para el clero, el cardenal Claudio Hummes: un gran amigo, un gran amigo.

Cuando la cosa se ponía un poco peligrosa, él me confortaba. Y cuando los votos subieron a los dos tercios, hubo el acostumbrado aplauso, porque había sido elegido. Y él me abrazó, me besó, y me dijo: "No te olvides de los pobres". Y esta palabra ha entrado aquí: los pobres, los pobres.

De inmediato, en relación con los pobres, he pensado en Francisco de Asís. Después he pensado en las guerras, mientras proseguía el escrutinio hasta terminar todos los votos. Y Francisco es el hombre de la paz. Y así, el nombre ha entrado en mi corazón: Francisco de Asís. Para mí es el hombre de la pobreza, el hombre de la paz, el hombre que ama.

El Papa hizo una pausa por un momento y añadió: "¡Ah, cómo quisiera una Iglesia pobre y para los pobres!". También había palabras hermosas en esta charla acerca de la Iglesia. El Papa subrayó que la Iglesia no tiene carácter "político", sino que es esencialmente algo "espiritual". Y subrayó la centralidad de Cristo, no del Papa, para la Iglesia. "Cristo es el centro", dijo. "Sin él, ni Pedro ni la Iglesia existirían ni tendrían razón de ser".

En este contexto, se refirió a la decisión del papa Benedicto XVI de renunciar al trono papal: "Como ha repetido tantas veces Benedicto XVI, Cristo está presente y guía a su Iglesia", dijo el papa Francisco. "En todo lo acaecido, el protagonista, en última instancia, es el Espíritu Santo. Él ha inspirado la decisión de Benedicto XVI por el bien de la Iglesia. Él orientó a los cardenales en la oración y la elección".

Esto, resumió, fue la clave para la comprensión de los aconte-cimientos de los últimos días.

Y luego Francisco hizo algo que sorprendió a todos, en-cantó a muchos e impresionó a algunos. Llegó el momento para impartir la bendición apostólica, pero no lo hizo de la forma habitual. De hecho, no hizo ningún gesto. No levantó la mano, no la movió haciendo la señal de la cruz, y no dijo "en el nombre del Padre, y del Hijo, y del Espíritu Santo" en voz alta.

Dijo, en italiano: "Imparto de corazón a todos mi Bendi-ción". Y luego explicó, en español: "Les dije que les daba de corazón la bendición. Como muchos de ustedes no pertene-cen a la Iglesia Católica, otros no son creyentes, de corazón doy esta bendición en silencio a cada uno de ustedes, respe-tando la conciencia de cada uno, pero sabiendo que cada uno de ustedes es hijo de Dios. Que Dios los bendiga".

Y con eso, se dio vuelta y se fue.

Uno de mis colegas se volvió hacia mí y me dijo: "¿Y la bendición papal?".

"La dio en silencio", le dije. "Él nos bendijo en silencio, sin presuponer nada. Estaba tratando de ser respetuoso de las conciencias individuales. Esta no es una reunión estricta-mente religiosa".

"Sin embargo, me parece que aún falta algo", dijo mi amigo. "¡No hubo bendición!".

"Pero hubo una bendición", le dije. "Es solo que no pudi-mos verla. Como solía decir Ratzinger, es que en el cielo, ante la presencia de Dios, ya no va a haber ningún rito externo o algún ritual para representar nuestra adoración, todas esas cosas pasarán, porque el ideal habrá llegado".

"¿Pero ya estamos en el cielo?" replicó mi amigo.

"No", dije. "¿Pero no podemos creer que estamos en camino?".

Mi amigo todavía no estaba satisfecho. "Me hubiera gustado recibir una bendición de su parte", dijo.

"La recibiste", le dije.

El papa Francisco, en su forma sencilla, nos inspiró a meditar y nos llamó a la conversión interior.

Y eso es lo que debería hacer nuestro pensamiento en este momento, así como el cardenal Claudio Hummes dijo a Francisco mientras que el total de votos aumentaba en su favor: "No te olvides de los pobres". Nunca debemos olvidar nuestra propia necesidad de conversión. Debemos convertirnos a Cristo. Siempre necesitamos una conversión más profunda. A esto el papa Francisco nos llama, si tan solo pudiéramos oírlo.

Funcionarios curiales reconfirmados, pero solo "temporalmente"

Una decisión importante fue anunciada ese mismo día. El papa Francisco volvió a confirmar a todos los jefes de las oficinas de la curia del Vaticano. Pero lo hizo sólo *"donec aliter providedeatur"* ("hasta que otra cosa se pueda prever" o "hasta que se tomen otras decisiones" o, tal vez más simple: "sólo por ahora").

Y al tomar esta decisión, Francisco estaba siguiendo la tradición. Todos los nuevos papas confirman habitualmente a los funcionarios curiales uno o dos días después de su elección, para que la curia, que queda "invalidada" durante la ausencia de un papa, pueda ser nuevamente un órgano funcional.

Siguió la tradición, pero la redacción de la decisión significa que el papa Francisco está dejando la puerta abierta a cambios radicales del personal en la curia. Si no toma estas decisiones dentro de unas pocas semanas o unos pocos meses, esto nos sugiere que no va a ser una "tabula rasa" para la curia. El futuro queda por ver.

CAPÍTULO 6

....

Primera misa parroquial

17 DE MARZO: EN LA IGLESIA DE
SANTA ANA, LA MADRE DE MARÍA

"Y él ha venido para nosotros, cuando reconocemos que somos pecadores... [este] es el mensaje más fuerte del Señor: la misericordia".

—*el papa Francisco*

Su primer domingo como Papa, el cuarto día de su pontificado, el papa Francisco celebró la misa en la Iglesia de Santa Ana, la pequeña iglesia parroquial de la Ciudad del Vaticano, y no en la Basílica de San Pedro (dado que él todavía no había asumido su cargo oficialmente).

Cuando el Papa llegó a la iglesia, recibió aplausos. Antes de entrar, se detuvo para saludar a los numerosos fieles que estaban presentes, dar la mano, bendecir a los niños en los brazos de sus padres, dándoles a un grupo de argentinos el placer de una interacción espontánea. Sucesivamente, con temor de parte de sus guardias de seguridad, caminó unos pasos hacia Porta Sant'Anna y siguió adelante, afuera del Vaticano, a la calle frente a la puerta, donde lo estaba esperando una gran multitud de gente. Demoró pocos minutos en saludar a la gente detrás de las barreras de seguridad. Una vez más, había demostrado que era un "papa de la gente", deseoso de estar cerca de la gente, no lejos de ellos.

La lectura del Evangelio del día fue de San Juan fue la historia de la mujer sorprendida en adulterio. Según la ley judía, ella estaba sujeta a la ejecución por lapidación. Pero cuando presentaron a la mujer ante Jesús para el juicio, Jesús dijo: "Aquel de ustedes que esté libre de pecado, que tire la primera piedra".

La misericordia fue la lección clave, la "buena noticia" proclamada este domingo, dijo Francisco. "La misericordia", dijo, "es el mensaje más fuerte del Señor".

Sin leer ningún texto preparado, el papa Francisco dijo, "Si somos como aquel fariseo ante el altar —[que dice]: 'Te doy gracias, porque no soy como los demás hombres, y tampoco como ese que está a la puerta, como ese publicano' (cf. Lc 18,11–12)—, entonces no conocemos el corazón del Señor, y nunca tendremos la alegría de sentir esta misericordia".

El papa Francisco estuvo firme: "No es fácil encomendarse a la misericordia de Dios, porque eso es un abismo incomprensible", dijo. "Pero hay que hacerlo".

Luego dio unos retazos de conversación vagamente recordado con alguien acerca de esta misericordia, significativamente revelando mucho acerca de su propia compasión pastoral.

"Ay, padre", dijo como hablando a una persona que había venido para una ayuda espiritual, "Si usted conociera mi vida, no me hablaría así".

"¿Por qué, qué has hecho?", siguió el Papa, recordando esta conversación.

"¡Ay padre!, las he hecho gordas", prosiguió con la voz del penitente.

"¡Mejor!", continuó el Papa con la voz del sacerdote. "Acude a Jesús. A él le gusta que se le cuenten estas cosas".

Se podía oír en estas palabras el estilo de la dirección espiritual del papa Francisco: generoso en el perdón de Dios, generoso en el perdón de Cristo así como también Cristo fue generoso perdonando a la mujer sorprendida en adulterio.

"Él olvida", dijo el Papa hablando de Cristo. "Él tiene una capacidad especial de olvidar. Olvida, te besa, te abraza y te dice solamente: 'Tampoco yo te condeno. Anda y en adelante no peques más' (Jn 8:11). Sólo te da ese consejo. Después de un mes, estamos en las mismas condiciones... Volvamos al Señor. El Señor nunca se cansa de perdonar, ¡jamás! Somos nosotros los que nos cansamos de pedir perdón".

Y concluyó con dos frases muy fuertes que parecían expresar lo esencial de su espiritualidad: "Y pidamos la gracia de no cansarnos de pedir perdón, porque él nunca se cansa de perdonar. Pidamos esta gracia".

Así que la misa inusual en la iglesia parroquial del Vaticano se convirtió en la ocasión de un sermón papal inusual, muy pastoral, muy sencillo y al alcance de todos, como muchas de las acciones y los gestos de este Papa en sus primeros días como Papa.

Saludo al padre Gonzalo

Después de la misa y después de saludar al párroco y al cardenal Angelo Comastri, que preside la Basílica de San Pedro, el Papa concluyó con estas palabras:

Quiero presentarles a un sacerdote que viene desde lejos, un sacerdote que ha trabajado durante mucho tiempo con niños de la calle, y con adictos a las drogas. Para ellos abrió una escuela, e hizo muchas cosas para que conozcan a Jesús. Y todos estos chicos y chicas de la calle hoy están trabajando o estudiando. Hoy tienen la capacidad de trabajar, creer y amar a Jesús. Le pido a Gonzalo que venga a saludar. Recen por él. Trabaja en Uruguay. Es el fundador del Liceo Jubilar Juan Pablo II: él ha hecho ese trabajo. No sé cómo llegó aquí hoy: pero voy a averiguarlo. Gracias. Oremos por él.

En la ciudad natal del papa Francisco, cuando los jóvenes consumían crack y poco a poco destruían sus vidas, él ardía con una furia justa a causa de su profundo amor por los jóvenes. Denunció el tráfico de drogas, especialmente la droga *paco*, una forma de crack procesado con ácido sulfúrico y queroseno que destruía rápidamente las mentes hermosas y saludables de tantos jóvenes. En 2011, Bergoglio condenó el tráfico de niños y la esclavitud sexual en Buenos Aires con las siguientes palabras: "En esta ciudad hay muchas chicas que dejan de jugar con muñecas para entrar en el tugurio de un prostíbulo porque fueron robadas, fueron vendidas, fueron traicionadas... En esta ciudad se rapta a mujeres y chicas y se las somete al uso y abuso de su cuerpo, se las destruye en su dignidad. En esta ciudad hay hombres que lucran y se ceban con la carne del hermano, la carne de todos esos esclavos y esclavas; la carne que asumió Jesús y por la cual murió vale menos que la carne de una mascota ¡y esto pasa en esta ciudad! ¡Se cuida mejor a un perro que a estos esclavos nuestros!" (*La Nación*, 24 de septiembre de 2011, citando la homilía de Bergoglio con motivo de la cuarta misa por las víctimas de la trata de personas, Buenos Aires).

Una vez más, como en otros días de su pontificado, el Papa pidió de rezar, pero esta vez no por él, sino por un sacerdote uruguayo que estaba afrontando muchos problemas ya que trabajaba con drogadictos.

CAPÍTULO 7

....

Primer Ángelus

17 DE MARZO: ORACIÓN DEL ÁNGEL A MARÍA LA ORACIÓN DE LA ENCARNACIÓN: "SE HIZO CARNE".

"Feliz domingo y buen almuerzo!".

—*el papa Francisco*

Al mediodía del domingo, la plaza de San Pedro estaba llena. Había por lo menos 150.000 personas en la plaza de San Pedro para escuchar el primer Ángelus del papa Francisco, según cuanto estimó el director de la oficina de prensa del Vaticano, padre Federico Lombardi. "Hermanos y hermanas, buenos días", empezó el papa Francisco. "Tras el primer encuentro del miércoles pasado, hoy puedo dirigirles nuevamente mi saludo a todos. Y me alegra hacerlo en el domingo, en el día del Señor. Para nosotros los cristianos, esto es hermoso e importante: reunirnos el domingo, saludarnos, hablar unos con otros, como ahora aquí, en la plaza. Una plaza que, gracias a los medios de comunicación, tiene las dimensiones del mundo".

Estas fueron las primeras palabras públicas del nuevo pontífice y fueron recibidas con una ovación. El Santo Padre habló solamente en italiano, omitiendo los saludos tradicionales en otros idiomas.

El papa Francisco contó dos bromas durante su charla, ganándose más corazones. En un tono más serio, continuó exhortando a la gente para que nunca se cansara de pedir perdón a Dios.

"No olvidemos esta palabra; Dios nunca se cansa de perdonar", dijo el Papa. "Conmueve la actitud de Jesús: no oímos palabras de desprecio, no escuchamos palabras de condena, sino solamente palabras de amor, de misericordia, que invitan a la conversión".

Francisco dijo que el rostro de Dios es como el de un padre misericordioso que siempre tiene paciencia y siempre está dispuesto a perdonarnos. "¿Habéis pensado en la paciencia de Dios, la paciencia que tiene con cada uno de nosotros?" preguntó.

El Santo Padre contó que recientemente había leído un libro del cardenal alemán Walter Kasper sobre la misericordia. Kasper está considerado, en los círculos católicos, como un teólogo un poco más "liberal" respecto a su compatriota el papa emérito Benedicto XVI, así que esta mención del Papa tomó a muchos por sorpresa.

"Ese libro me ha hecho mucho bien, ¡pero no creáis que hago publicidad a los libros de mis cardenales!" dijo Francisco. "No es eso. Pero me ha hecho mucho bien, mucho bien, porque el cardenal Kasper decía que la misericordia lo cambia todo, cambia el mundo. Un poco de misericordia hace al mundo menos frío y más justo".

El Papa contó también una historia sobre cuando la imagen de Nuestra Señora de Fátima llegó a Buenos Aires en

1992, mientras era obispo, y se celebró una gran misa para los pobres, y él estaba confesando. Tuvo una conversación con "una señora anciana y muy humilde" que acudió a él al final de la misa. La agencia de noticias católica contó la historia como un simple diálogo:

> *El Papa:*   Nonna [abuela], ¿desea confesarse?
> *La Señora:* Sí.
> *El Papa:*   Pero si usted no tiene pecados.
> *La Señora:* Todos tenemos pecados.
> *El Papa:*   Pero, quizás el Señor no la perdona.
> *La Señora:* El Señor perdona todo.
> *El Papa:*   ¿Cómo lo sabe usted, señora?
> *La Señora:* Si el Señor no perdonara todo, el mundo no existiría.

Francisco prosiguió riéndose: "Tuve ganas de preguntarle: Dígame, señora, ¿ha estudiado usted en la [Universidad] Gregoriana? Porque esa es la sabiduría que concede el Espíritu Santo: la sabiduría interior hacia la misericordia de Dios".

El papa Francisco luego extendió sus saludos a todos los fieles y dijo que había elegido el nombre de Francisco para vincularse espiritualmente a Italia, el país de donde es su familia originalmente. "Pero Jesús nos ha llamado a formar parte de una nueva familia: su Iglesia, esta familia de Dios, caminando juntos por los caminos del Evangelio".

El papa Francisco terminó su primera oración del Ángelus deseando a todos "Feliz domingo y buen almuerzo".

Después, el Papa saludó a los miles de fieles que desbordaban la Plaza de San Pedro: "Gracias por vuestra acogida y vuestras oraciones", dijo.

Os pido que recéis por mí. Doy un abrazo nuevamente a los fieles de Roma y lo hago extensivo a todos
vosotros; y lo hago extensivo a todos los que habéis
venido de diversas partes de Italia y del mundo, así
como a los que se han unido a nosotros a través de
los medios de comunicación. He escogido el nombre
del Patrón de Italia, San Francisco de Asís, y esto
refuerza mi vínculo espiritual con esta tierra, donde,
como sabéis, están los orígenes de mi familia. Pero
Jesús nos ha llamado a formar parte de una nueva
familia: su Iglesia, en esta familia de Dios, caminando juntos por los caminos del Evangelio. Que el
Señor os bendiga, que la Virgen os cuide. No olvidéis
esto: el Señor nunca se cansa de perdonar. Somos
nosotros los que nos cansamos de pedir perdón.

El primer trino papal del papa Francisco

El Papa publicó su primer trino en Twitter ese domingo,
poco después de su Ángelus, con un mensaje constante:
"Recen por mí".

"Queridos amigos, os doy gracias de corazón y os ruego
que sigáis rezando por mí. papa Francisco", tuiteó desde la
cuenta @Pontifex_es.

El Padre General de los Jesuitas
habla sobre su visita al Papa

El papa Francisco y Adolfo Nicolás, S.J., Superior General
de la Compañía de Jesús, se reunieron en la Domus Santa
Marta. Este relato fue escrito por el mismo Padre General.

Visita con el papa Francisco, 17 de marzo

Respondiendo a una invitación personal del papa Francisco, a las 5:30 de la tarde he estado en la Casa de Santa Marta, donde han vivido los cardenales que asistían al cónclave. El mismo Papa estaba a la puerta y me recibió con el abrazo con que nos solemos saludar los jesuitas. A petición suya nos hicimos algunas fotografías y ante mis disculpas porque no me ajustaba al protocolo, insistió en que lo tratara como a cualquier otro jesuita, llamándolo de tú, de modo que no tuve que estar pendiente de darle el tratamiento de Santidad o Santo Padre.

Le ofrecí todos los recursos de que dispone la Compañía, ya que, en su nueva situación, va a verse necesitado de personas, grupos de consejo y reflexión, etc. Se mostró agradecido por mi ofrecimiento y cuando lo invité a que viniera a comer con nosotros en la curia me dijo que sin duda lo hará.

Hubo total sintonía en nuestra manera de sentir acerca de una variedad de temas que tocamos en la conversación y quedé convencido de que trabajaremos muy bien juntos al servicio de la Iglesia y en nombre del Evangelio.

Se dio un entendimiento mutuo con paz y humor hablando del pasado, presente y futuro. Dejé la Casa de Santa Marta persuadido de que el Papa contará con gusto con nuestra colaboración al servicio de la viña del Señor. Al final me ayudó a ponerme el abrigo y me acompañó a la puerta. Esto me proporcionó unos cuantos saludos de parte de los guardias suizos que allí estaban. Un abrazo jesuítico, de nuevo, como modo natural de saludar y recibir a un amigo.

En este día también estuvo en Roma la joven y talentosa escritora estadounidense Kathryn Jean López, editora general de la National Review Online y directora de Catholic Voices USA. Presentó algunas serias reflexiones sobre el nuevo papa, describiendo memorablemente la voz del Papa cuando habló ante el mundo como un "tierno susurro del amor".

Es un latinoamericano, con raíces italianas, que estudió en Alemania... Como jesuita es miembro de una comunidad religiosa verdaderamente internacional, y sus vínculos con Comunión y Liberación lo hacen formar parte de otra red global. Él puede unir esos diferentes puntos. Comunión y Liberación ha ayudado a mucha gente a encontrar a Cristo y a entablar un diálogo con la cultura —dos de los principales puntos del papado de Benedicto XVI, que habían sido subrayados en sus últimos días... Aunque quizás no fuera el hombre dado por favorito por los expertos, no se trató de una elección poco probable, ya que Bergoglio había sido un candidato al papado, con mucho apoyo, en el último cónclave. E impacta el hecho de que sea a la vez un jesuita y esté cerca de un movimiento, donde radica hoy la mayor parte de la renovación de la Iglesia. Me gusta un poco más que yo y la mayoría de los pronosticadores estuvimos equivocados...

Hace poco, el domingo pasado, la primera cosa que hice cuando llegué a San Pedro fue ir a confesarme. El confesor me dio una estampita de San Francisco. [La oración en la tarjeta] podría ser fácilmente una oración ecuménica que el papa Francisco, y aquellos a quienes él sirve de guía, rezan y viven... Una amiga describió la voz de Francisco, hablando al mundo esa noche en la plaza, como un "tierno susurro de amor". ¡Cómo le viene bien al mundo un susurro tan tierno, de una persona cuyo testimonio, a la vez, nos ofrece tanto desafío!

....

CAPÍTULO 8

Primera explicación de su vocación:
Escudo de armas de Francisco

"Miserando atque eligendo".

"No se puede entender esta dinámica del encuentro que provoca el estupor y la adhesión y armoniza todas las potencias en unidad, si no está gatillada —perdonen la palabra— por la misericordia. Solamente quien se encontró con la misericordia, quien fue acariciado por la ternura de la misericordia, se encuentra bien con el Señor. Acá le pido a los teólogos presentes que no me acusen al Santo Oficio ni a la inquisición, pero forzando el argumento me atrevería a decir que el lugar privilegiado del encuentro es la caricia de la misericordia de Jesucristo sobre mi propio pecado".

—*El cardenal Jorge Bergoglio presenta* L'attrativa Gesú, *libro de Don Luigi Giussani, Buenos Aires, 27 de abril de 2001*

Con estas palabras el cardenal Bergoglio habló sobre el tema misterioso del pecado humano y la misericordia divina. En un mundo donde la creencia en lo divino a menudo ha parecido casi apagarse, como una vela que se queda sin cera para sustentarse, hablar del pecado humano y del perdón divino es hablar de algo incomprensible. Ningunos de los términos, ni el *pecado*, ni el *perdón*, ni lo *divino* y, cabe argumentar, ni siquiera lo *humano*, ya tiene mucho sentido para los hombres modernos y mujeres occidentales, pero sin embargo, para Bergoglio, sí tenían sentido. ¿Por qué? Porque había experimentado la realidad de lo que significan estas palabras: la realidad de su propio pecado, la realidad, por lo tanto, de su imperfección, de su condición caída, de su miseria, de ser alguien que no quería ser y de hacer las cosas que no quería hacer —la realidad de ser un pecador—. Y también había experimentado el perdón, la misericordia, la misericordia que en realidad podía mirar directamente hacia su pecado, incluso abrazar ese pecado (él usa la palabra *caricia*), y luego perdonar ese pecado. Y para Bergoglio, esto era fundamental, era el punto en torno al cual su vida, su comprensión de su vocación y su comprensión de su misión se volvieron.

Porque, como dijo, "Solamente quien se encontró con la misericordia, quien fue acariciado por la ternura de la misericordia, se encuentra bien con el Señor". En otras palabras, se requiere la experiencia del perdón para "conocer" al Señor, es decir, a Jesús, el Salvador, el único que pudo perdonar, el que perdona. En definitiva, hacerse cristiano, hacerse seguidor de Cristo, convirtiéndose en alguien que "tiene relación con Cristo", depende de encontrar la misericordia de Cristo.

Y uno encuentra esa misericordia porque necesita esa misericordia, y está desesperado, "sin esperanza", si no puede encontrar esa misericordia, ese perdón, esa curación de heridas y de alienación que el pecado trae consigo. Porque el pecado lo aleja a uno de sí mismo. Uno quiere hacer el bien, ser auténtico, ser atraído hacia la belleza, pero sin embargo hace el mal, es falso, es desleal, y está atraído, contra su propia voluntad, en cierto modo, hacia lo feo. Hay un abismo en el corazón, una herida que es la causa del pecado, y a la vez el resultado del pecado, que tiene que curarse si queremos reconciliarnos con nosotros mismos, si queremos estar completos y llenos de paz. "El lugar privilegiado del encuentro es la caricia de la misericordia de Jesucristo sobre mi propio pecado", dijo Bergoglio; una frase asombrosa.

Me recuerda a la declaración, igualmente asombrosa, de la gran mística inglesa Juliana de Norwich (1342–1416). Cuando tenía unos treinta años, mientras que padecía de una enfermedad grave y creyendo que se moría, Juliana tuvo una serie de visiones intensas de Jesucristo a lo largo de varias semanas. Estas visiones son la fuente de su obra principal, *Dieciséis revelaciones del amor divino.*

En su libro describe el amor de Dios no como ley, deber y condenación, sino como alegría, compasión y perdón. Ella también cree que el pecado es, en cierto sentido, una parte "necesaria" de la vida, ya que lleva al conocimiento de uno mismo y nos permite aceptar el papel de Dios en nuestras vidas. El dolor por el pecado, según ella, es un recordatorio terrenal del dolor de la pasión de Cristo. Por lo tanto cuando la gente sufre, como Cristo, se acerca más y más a Él.

Su dicho más famoso, "Todo irá bien, y todo irá bien, y todo tipo de cosas irán bien", ella afirmó que se lo había dicho el mismo Dios.

Menciono a Juliana de Norwich debido a la formulación extraordinaria de la referencia del cardenal Bergoglio al "lugar privilegiado" del "encuentro" con Cristo: "la caricia de la misericordia de Jesucristo sobre mi propio pecado".

Normalmente en la enseñanza y en la teología católica, el pecado es considerado con horror y odio —"amar al pecador, odiar el pecado"— así que hablar de "acariciar" un pecado es muy chocante. Y, de hecho, Bergoglio reconoció esto diciendo: "Acá le pido a los teólogos presentes que no me acusen al Santo Oficio ni a la inquisición". Pero se sintió obligado a continuar, a "forzar el argumento", porque tenía algo profundo que quería comunicar y estaba dispuesto a arriesgar incluso la apariencia de la heterodoxia para expresar esta verdad.

Al final, esta es la verdad más importante de todas, la verdad sobre el encuentro con Cristo. Dado que los seres humanos caen en el pecado y, al hacerlo, se alejan de sí mismos y también de Dios, debemos ser perdonados, debemos alcanzar su misericordia, o ningún ser humano sería capaz de ser "justo" y estar en la presencia del Dios Santo.

Y en nuestra miseria, en nuestro deseo de ser curados y sanados, de dejar de ser miserables, de ser alegres, los seres humanos necesitan encontrar al "Santo" que les comunica su santidad, su misericordia, su justicia, su misma vida, y así los salva.

La distancia entre el pecado y la santidad es tan grande que lo que se necesita, en primer lugar, es la acción de Dios. Dios tiene que acercarse a nosotros y salvarnos. Todo esto está implícito en las pocas palabras del cardenal Bergoglio.

El encuentro es necesario. Deseamos ese encuentro. El encuentro es saludable, salvador. Pero no puede ocurrir sin la misericordia de Dios, sin su amor hacia la persona que ha pecado y caído, ni sin "la caricia de la misericordia de Jesucristo sobre mi propio pecado".

¿Por qué he profundizado tanto este breve pasaje?

Porque el Papa había experimentado lo que estaba describiendo en este pasaje. Y si nosotros queremos conocerlo íntimamente, debemos saber esto sobre él. Debemos saber que había experimentado "la caricia de la misericordia de Cristo", incluso, y sobre todo sobre su pecado, y que en ese lugar, se había encontrado con el Señor y había dado toda su vida por él.

Sabemos esto por una razón muy simple: el Vaticano lo dijo en un comunicado de prensa. Pero, extrañamente, casi ningún otro escritor ha leído el comunicado de prensa como lo leí yo. Es como si hubiera una resistencia a hablar de algo tan íntimo como la conversión y la salvación de un alma. Porque eso es de lo que estamos hablando.

En la mañana del 18 de marzo, el Vaticano presentó el escudo de armas del papa Francisco y el lema que había elegido, de San Beda, *"Miserando atque eligendo"*. El Vaticano comentó lo siguiente:

El Escudo

En los rasgos esenciales el papa Francisco ha decidido conservar su escudo anterior, elegido desde su consagración episcopal y caracterizado por una sencillez lineal.

Sobre el escudo, azul, se hallan los símbolos de la dignidad pontificia, iguales a los que deseó el predecesor, Benedicto XVI (mitra entre llaves de oro y plata, entrelazadas por un cordón rojo). En lo alto se refleja el emblema de la Orden de procedencia del Papa, la Compañía de Jesús: un sol radiante y llameante con las letras, en rojo, IHS, monograma de Cristo. Encima de la letra H se halla una cruz; en la punta, los tres clavos en negro.

En la parte inferior se contempla la estrella y la flor

de nardo. La estrella, según la antigua tradición heráldica, simboliza a la Virgen María, Madre de Cristo y de la Iglesia; la flor de nardo indica a San José, patrono de la Iglesia universal. En la tradición iconográfica hispánica, en efecto, San José se representa con un ramo de nardo en la mano. Al incluir en su escudo estas imágenes el Papa desea expresar su especial devoción hacia la Virgen Santísima y San José.

EL LEMA

El lema del Santo Padre Francisco procede de las Homilías de San Beda el Venerable, sacerdote (Hom. 21; CCL 122:149–151), quien, en su comentario sobre el episodio evangélico de la vocación de San Mateo, escribe: *"Vidit ergo Iesus publicanum et quia miserando atque eligendo vidit, ait illi Sequere me* (Vio Jesús a un publicano, y como lo miró con sentimiento de amor y lo eligió, le dijo: Sígueme)".

Esta homilía es un homenaje a la misericordia divina y se reproduce en la Liturgia de las Horas de la fiesta de San Mateo. Reviste un significado particular en la vida y en el itinerario espiritual del Papa. En efecto, en la fiesta de San Mateo del año 1953, el joven Jorge Bergoglio experimentó, a la edad de diecisiete años, de un modo del todo particular, la presencia amorosa de Dios en su vida. Después de una confesión, sintió su corazón tocado y advirtió la llegada de la misericordia de Dios que, con mirada de tierno amor, lo llamaba a la vida religiosa siguiendo el ejemplo de San Ignacio de Loyola.

Una vez elegido obispo, monseñor Bergoglio, en recuerdo de tal acontecimiento que marcó los inicios de su total consagración a Dios en Su Iglesia, decidió elegir como lema y programa de vida, la expresión de San Beda *miserando atque eligendo*, que también ha querido reproducir en su escudo pontificio.

La experiencia mística

¿Por qué es tan simple el papa Francisco, tan auténtico, tan evidentemente lleno del amor de Cristo? En parte, esto puede deberse a que Dios, de hecho, lo llenó de su amor; entonces esta experiencia aparentemente mística puede explicar parte de la personalidad de Francisco.

Uno de los principios centrales de la fe católica es que Dios no sólo existe, es real, sino que puede comunicarse con los seres humanos, que los seres humanos pueden ser "atravesados" realmente de la presencia divina, pueden experimentar y ser conscientes de esta presencia real, como el primer verso del viejo Catecismo Baltimore enseña: "Conozcan" a Dios, luego "ámenlo y sírvanlo".

De hecho, "cuanto más amamos a Dios y entramos en intimidad con Él en la oración, Él se da a conocer más y enciende nuestro corazón con su amor", explicó el papa emérito Benedicto XVI, el 12 de enero de 2011, en la audiencia general del miércoles, al hablar de la posibilidad de la comunión verdadera, de la unión mística con Dios.

Por tanto, la cristiandad sostiene que el contacto, la comunicación, la comunión con Dios, es posible. No es una ilusión. Puede ocurrir de verdad. Y además, al papa Francisco le sucedió en determinado momento y en un determinado lugar. Cuando tenía diecisiete años, mientras estaba sumido en la oración, fue tocado por Dios y esa experiencia fue el origen de su vida espiritual, la vida que ha vivido desde entonces hasta hoy, la vida que lo ha llevado al lugar de Pedro.

Sabemos que muchos jóvenes (quizás todos) atraviesan un periodo en el que buscan intensamente su propio lugar en el mundo, cuando están abiertos a escuchar su llamado y buscan la propia vocación. Ahora sabemos que el papa Francisco atravesó este mismo proceso, y por eso la palabra *oración* y el acto real de rezar, son tan importantes para él. Esta experiencia se hizo presente, durante, a través y después de la oración, de mucha oración, de mucha angustia de mente y corazón, mientras buscaba el rostro y la misericordia de Dios.

Volvamos a examinar esa historia y tratar de comprender todo lo que pasó. Se nos habla de una experiencia en la cual el joven Jorge sintió su corazón "tocado" y "advirtió" la llegada de la misericordia de Dios. Él sintió, "de un modo muy especial", la "presencia amorosa de Dios en su vida". Sintió como si Dios lo estuviera observando "con una mirada de tierno amor". Estos son todos elementos de una experiencia personal de Cristo (pues Cristo es Dios, Cristo es la misericordia de Dios). Estos son los elementos de la presencia real de Dios, de una experiencia mística, que transforma la vida.

Es significativo que esta experiencia ocurriera en la fiesta de San Mateo. En el mundo judío de la época de Cristo, no había nadie más rechazado que el publicano, un judío que cobraba los impuestos a su propio pueblo en nombre de las autoridades romanas, y sacaba grandes beneficios para él mismo. A los publicanos no se les permitía ni comerciar, ni comer, ni rezar con otros judíos.

Un día, mientras que Mateo estaba contando su dinero, Jesús lo miró y le dijo sencillamente: "Sígueme". Mateo se levantó y dejó sus monedas de plata para seguirlo. El nombre original de Mateo, Levi, significa en hebreo "adhesión". Su nuevo nombre, Mateo, significa "don de Dios". Se menciona a Mateo también en los Evangelios como el anfitrión de una cena para Jesús y sus compañeros, a la cual Mateo invitó a sus colegas cobradores de impuestos. Los judíos se sorprendieron cuando vieron a Jesús con un publicano, pero Jesús explicó que había venido "no para llamar a los justos, sino a los pecadores".

Nosotros conocemos a Mateo, principalmente, como el autor de uno de los Evangelios, el primero del Nuevo Testamento. Se cree que el Evangelio de Mateo fue escrito en arameo, la lengua que hablaba Jesús, y que fue escrito con el propósito de convencer a los judíos de que su esperado Mesías había llegado en la persona de Jesús.

Todo esto puede explicar por qué el papa Francisco es tan receptivo con los que están fuera de la Iglesia: porque desea acogerlos, como Mateo fue acogido. No quiere que nada de lo que hace los excluya. Quiere llamarlos, quiere que escuchen su llamada, para que así ellos, como Mateo, puedan ver a Cristo y seguirlo, entrando en una vida nueva.

San Ignacio de Loyola, el fundador de los jesuitas, después de haber sido gravemente herido en batalla, tuvo una visión que, al parecer, fue un encuentro con Dios tal y como es. A partir de ese momento, para él toda la creación adquirió nuevo sentido y pertinencia. Fue una experiencia que permitió a Ignacio "encontrar a Dios en todas las cosas" (el principio fundamental de la espiritualidad Ignaciana).

Así el Papa jesuita, Francisco, después de mucha oración, después de confesarse y ser absuelto, también experimentó algo extraordinario. Para Ignacio, fue una visión; para el papa Francisco, fue "la llegada de la misericordia de Dios", y para él después ya nada fue igual.

Reacciones de los líderes y de los grupos judíos

Poco después de la elección de Francisco, nos enteramos de que él había sido un hombre muy amado y respetado por los líderes de la comunidad judía de Buenos Aires y también de todo el mundo.

"Los líderes judíos de todo el mundo acogieron con agrado la noticia de la elección, ese miércoles, del cardenal Jorge Mario Bergoglio como Papa de la Iglesia Católica", escribió Jonah Lowenfeld en JewishJournal.com.

"En la comunidad judía de Buenos Aires, la impresión general es que él es muy amable y que fue muy decidido cuando era cardenal a tener una relación cordial con la comunidad judía", dijo el rabino Marvin Hier, decano y fundador del Simon Wiesenthal Center. Bergoglio había asistido a los servicios en las sinagogas de Buenos Aires dos veces, dijo Hier, y había dirigido una conmemoración del aniversario de la Kristallnacht en su catedral en el mes de diciembre del año 2012.

Hier y otros líderes judíos se sintieron particularmente alentados por la reacción de Bergoglio ante el ataque contra un centro comunitario judío en el que perdieron la vida más de ochenta personas. "Nos alienta su profunda declaración de solidaridad con la gente judía, en la cual se identifica con el dolor causado por el atentado terrorista contra el centro judío AMIA de 1994 en Buenos Aires", dijo Larry Gould, presidente del Consejo Judío de Asuntos Públicos, en un comunicado inmediatamente después de la elección de Francisco.

El rabino Sergio Bergman, rabino superior de una de las sinagogas más grandes de Buenos Aires y miembro de la asamblea legislativa desde 2011, anunció la elección de Bergoglio por Twitter. El presidente del Congreso Judío Mundial, Ronald S. Lauder, que conoció a Bergoglio por primera vez en 2008, se manifestó optimista de que Francisco seguiría con la tarea de fomentar buenas relaciones entre la Iglesia Católica y los judíos de todo el mundo. "Siempre estaba dispuesto a escuchar nuestras preocupaciones", dijo Lauder. "Estoy seguro de que Francisco seguirá siendo un hombre de diálogo, un hombre que puede tender puentes con los diferentes credos".

El papa Francisco no ha dicho mucho públicamente acerca de Israel en el pasado, pero Hier dijo que tiene la esperanza de que Francisco brinde su apoyo al estado judío. "Lo consideramos como un Papa que sigue la tradición de Juan Pablo II y Juan XXIII" dijo Hier. Juan Pablo II estableció relaciones diplomáticas formales entre el Vaticano e Israel en 1993.

De hecho, la relación entre el papa Francisco y la comunidad judía de Buenos Aires fue tan amistosa que pasó horas en años recientes con el rabino Abraham Skorka, rector del Seminario Rabínico Latinoamericano. Hablaron sobre muchos temas, incluyendo algunos asuntos muy personales. No cabe duda de que esta relación revela que hay un respeto profundo entre los dos hombres y por lo tanto entre dos líderes de las comunidades católica y judía de Argentina.

"Deslumbrado" por una chica

Una cosa que revelan las conversaciones con el rabino Skorka es que, aun después de su experiencia mística, el camino de la vida de Bergoglio no se desarrolló sin "tentaciones". Y esta también es una cosa clave que se debe saber sobre el papa Francisco: tenía la vida normal de un joven, experimentaba los sentimientos normales de los jóvenes, incluso el deseo de casarse y tener una familia —en parte porque de niño había sentido tanto cariño en su propia familia.

Bergoglio dijo al rabino Skorka:

> Cuando era seminarista me deslumbró una piba [N.T. una chica] que conocí en un casamiento de un tío. Me sorprendió su belleza, su brillo intelectual... y, bueno, anduve boleado [N.T. fascinado] un buen tiempo, me daba vueltas en la cabeza. Cuando volví al seminario después del casamiento, no pude rezar a lo largo de una semana porque cuando me predisponía a hacerlo, aparecía la chica en mi cabeza... Todavía era libre porque era seminarista, podía volverme a casa y chau. Tuve que pensar la opción otra vez. Volví a elegir —o a dejarme elegir— el camino religioso.

Entonces, por lo menos por un breve periodo, el papa Francisco pensaba en irse del seminario y en no ser ordenado sacerdote. De hecho, le dijo a Skorka que este tipo de cosas suelen pasar y que sería "anormal" si no pasaran. Añadió que hay que "resituarse" y elegir entre este sentido "hermoso" y el camino de la vida religiosa.

Antes de ser obispo encargado de un seminario diocesano, y antes de ser director de formación para la provincia jesuita de Argentina, Bergoglio había experimentado estas crisis y sus palabras al rabino Skorka demuestran su realismo y su compasión: "Cuando a algún seminarista le pasa algo así, lo ayudo a irse en paz, para que sea un buen cristiano y no un mal cura". Sus palabras demuestran también que él ha reflexionado sobre la cuestión del celibato sacerdotal y sobre cómo esta disciplina fue interpretada por los cristianos a lo largo de varios siglos. "En la Iglesia occidental", dijo Bergoglio, "los curas no pueden casarse como en las Iglesias católicas [orientales]... La tradición tiene peso y validez. Los ministros católicos fueron eligiendo el celibato poco a poco. Hasta 1100, había quien optaba por él y quien no. Es una cuestión de disciplina, no de fe. Se puede cambiar".

El rabino Skorka mencionó entonces la cuestión que causó tanto escándalo en la Iglesia, el abuso sexual de jóvenes por parte de sacerdotes. Refiriéndose al abuso sexual, Skorka dijo: "Eso hay que cortarlo de cuajo, es muy grave. Dos adultos que se amen y tengan una relación, es otra cosa".

Bergoglio respondió: "No creo en las posiciones que plantean sostener cierto espíritu corporativo para evitar dañar la imagen de la institución. Esa solución [de] los Estados Unidos, la de cambiar a los curas de parroquia... es una estupidez porque, de esa manera, el cura se lleva el problema en la mochila... el Papa actual dijo claramente: 'Tolerancia cero con ese crimen'".

Esta conversación aparece en el libro *Sobre el cielo y la tierra*, publicado en Argentina en 2010, y en inglés por Image Books en los Estados Unidos en 2013. Nos dice algo muy importante sobre cómo el papa Francisco se va a enfrentar a la lucha continua para "purificar" la Iglesia: seguirá decisivamente la política de la "tolerancia cero" iniciada por su predecesor.

CAPÍTULO 9

....

Primera reunión con
la presidenta Kirchner

18 DE MARZO

"Nunca en mi vida me había besado un papa".
—*la presidenta Cristina Kirchner de Argentina*

El lunes 18 de marzo, la presidenta de Argentina, Cristina Fernández de Kirchner, fue a Roma para visitar el arzobispo que fue nombrado Papa. Y su visita provocó el enfoque de los medios de comunicación hacia Buenos Aires y los problemas de Argentina.

Uno de los temas de la conversación —declaró más tarde la Señora Kirchner— fue el de las Islas Malvinas, reclamadas por Argentina y por el Reino Unido, por los abundantes yacimientos de gas y petróleo que todavía quedan sin explotar. Kirchner dijo a los periodistas, que le pidió al Papa que promueva el diálogo entre ambas partes. El papa Francisco en el pasado había dicho que las Islas Malvinas, a pesar de que son un territorio de ultramar del Reino Unido, pertenecen a Argentina.

"Solicité su intervención para lograr el diálogo en la cuestión Malvinas" dijo la señora Kirchner. "Ahora estamos ante un oportunidad histórica. Ambos países tienen gobiernos democráticos y no hay peligro de ninguna intervención bélica, más allá de la militarización en el Atlántico sur" comentó, después del almuerzo con el Papa en la Domus Santa Marta.

En una misa del año pasado, el entonces cardenal Bergoglio dijo a los veteranos de la guerra de Malvinas, "Venimos a rezar por aquellos que han caído, hijos de la Patria que salieron a defender a su madre, la Patria, a reclamar lo que les es propio". El primer ministro británico, David Cameron, cuando Bergoglio fue elegido como Papa, declaró que "respetuosamente" no estaba de acuerdo con la opinión expresada en tiempos pasados por el papa Francisco, que las Islas Malvinas fueron "usurpadas" por el Reino Unido.

La señora Kirchner fue la primera Jefe de Estado recibida por el nuevo Papa. Le regaló un "equipo de mate" (una tetera con una bombilla [N.T. un tipo de pajilla, o pitillo, o popote, utilizado para succionar el té de mate contenido en la tetera]) para que él pudiera beber el té tradicional de Argentina. Se saludaron dándose un beso en la mejilla y ella comentó después:

"¡Nunca en mi vida me había besado un papa!".

A pesar de la cordialidad que caracterizó toda la reunión, las relaciones entre el papa Francisco y la presidenta Kirchner a menudo han sido tensas desde el año 2004, poco después de que Néstor Kirchner, antecesor y fallecido esposo de la señora Kirchner, asumió la presidencia.

El miércoles por la noche, poco después del anuncio de la elección del papa Francisco, durante un discurso de la señora Kirchner, muchos jóvenes partidarios de la señora Kirchner chiflaron en señal de protesta cuando ella mencionó el nombre del Papa. Representan la izquierda dentro del Kirchnerismo y repudian la presunta participación del recién nombrado Papa en los abusos de la "guerra sucia", mientras que desempeñó su cargo como jesuita de alto rango. Pero también hay tensiones entre el papa Francisco y sectores del movimiento político de Kirchner. El cardenal Bergoglio fue crítico del gobierno de Kirchner y se creía que apoyaba a la oposición en Argentina.

En 2009, Bergoglio criticó el alto nivel de pobreza en el país, a pesar de que el presidente se había esforzado en reducirla, gastando mucho en iniciativas de asistencia social. Se cree que esto enfadó mucho a la señora Kirchner.

Ahora, con la onda del orgullo nacional y el triunfalismo por la elección del papa Francisco, es posible que la señora Kirchner intente renovar los lazos con la Iglesia, ya que se acercan las elecciones en octubre de 2013. "Si las relaciones permanecieran tensas con el papa Francisco, ella será muy impopular", dice Leandro Bullor, analista de la Universidad de Buenos Aires. "Aquí sus palabras influyen en la sociedad y los políticos responden a eso".

Según *El Jesuita* una biografía autorizada del papa Francisco escrita por los periodistas Sergio Rubín y Francesca Ambrogetti en 2010, Néstor Kirchner consideró que la Iglesia Católica argentina "nunca le reconoció lo que hizo para rescatar al país de una de sus peores crisis". Se refería al colapso económico de Argentina de 2001. En 2005, Kirchner no asistió al *Te Deum*, una ceremonia anual organizada por el arzobispo de Buenos Aires para celebrar el aniversario del primer gobierno de Argentina en 1810. Poco después, Kirchner describió a Bergoglio como "el jefe espiritual de la oposición política".

"Bergoglio es cercano a Elisa Carrió, Gabriela Michetti y el rabino Sergio Bergman", dice Bullor. Los tres fueron feroces opositores del gobierno de Kirchner.

Surgieron nuevas tensiones también en los últimos años. Los Kirchner promovieron la aprobación del matrimonio entre personas del mismo sexo en 2010; luego se aprobó una ley de identidad de género en 2012, que permitió que las personas pudieran cambiar su sexo sin la aprobación previa de un juez o un médico. Una semana antes de que se aprobara el proyecto de ley de los matrimonios igualitarios, Bergoglio la criticó como una " 'movida' que pretende confundir y engañar a los hijos de Dios". La señora Kirchner tildó de "medieval" su actitud. Sin embargo, a pesar de toda esta historia, el almuerzo en la Domus Santa Marta se llevó a cabo sin contratiempos.

CAPÍTULO 10

....

Misa inaugural

"Tú eres el pastor de las ovejas".
—*Motete compuesto por Pierluigi da Palestrina*
para la inauguración de un pontificado

En el día de la fiesta de San José, el 19 de marzo, comenzó oficialmente el pontificado del papa Francisco. "El término correcto de la ceremonia", clarificó el padre Federico Lombardi, responsable de la oficina de prensa del Vaticano, "no es entronización sino inauguración. Como sucesor de Pedro, el Papa es obispo de la Iglesia de Roma, que 'preside con amor' todas las demás. Se trata también de una celebración llena de simbolismos que perpetúan el vínculo del Papa con San Pedro, el cual comienza su pontificado —según la tradición— en el lugar donde fue martirizado Pedro".

Alrededor de las 8:45 de la mañana, el papa Francisco se fue de la Domus Santa Marta y empezó a saludar a la gente ya reunida en las varias secciones de la Plaza de San Pedro.

A las 9:15 llegó a la sacristía de la basílica por el lado de la Piedad y a las 9:30 comenzó la misa.

Tras haber entrado a la basílica, el Papa se dirigió hacia la tumba de San Pedro, situada debajo del altar mayor, mientras que las trompetas tocaban *"Tu es Petrus"* (Tú eres Pedro).

Francisco, junto con diez patriarcas y arzobispos mayores de las Iglesias católicas de rito oriental (cuatro de ellos cardenales), veneró la tumba de San Pedro. Luego recibió el Palio, el anillo y el libro de los Evangelios que habían sido colocados en la tumba de San Pedro la noche anterior.

El Santo Padre después subió de la Confesión (así se llama la tumba) al piso principal de la basílica y la procesión se reanudó. Se cantaron el *"Laudes Regiae"* (Alabanzas al Rey), con algunas invocaciones tomadas de un documento del Concilio Vaticano Segundo, y el *"Lumen Gentium"* (Luz de las Naciones). Durante la letanía de los santos, después de los apóstoles, fueron nombrados los santos pontífices romanos canonizados hasta San Pío X, el más reciente.

En ese momento la procesión partió de la basílica.

En el lado izquierdo del sagrado, se situaban los eclesiásticos, con aproximadamente doscientos cincuenta obispos y arzobispos, y las delegaciones de otras iglesias y confesiones cristianas. En el lado derecho, se encontraban las delegaciones representantes de varias naciones, encabezadas por jefes de estado y ministros. Sentados del lado de la estatua de San Pedro, estaban las delegaciones de judíos, musulmanes y miembros de otras religiones, seguidos por aproximadamente mil doscientos sacerdotes y seminaristas. Al lado de la estatua de San Pablo, se situaba el cuerpo diplomático oficial de la Santa Sede y otras autoridades civiles. Lo que quedaba de la plaza estaba lleno por completo de fieles.

Concelebrando la misa con el Santo Padre estaban todos

los cardenales, junto a los patriarcas y a los arzobispos mayores de la Iglesia oriental (seis), el secretario del Colegio de Cardenales, y dos Generales Supremos (José Rodríguez Carballo, representando a la Orden de Frailes Menores, y Adolfo Nicolás Pachón, representando a los Jesuitas, respectivamente presidente y vicepresidente de la Unión de Generales Supremos). En total, concelebraron la misa cerca de ciento ochenta personas.

La imposición del palio: Hecho de lana de oveja y de cordero, el palio fue colocado sobre los hombros del Papa, evocando así la imagen del Buen Pastor que carga sobre sus hombros a la oveja perdida. El palio está decorado con cinco cruces rojas mientras que el palio metropolita lleva cinco cruces negras. El palio usado por Francisco fue el mismo que usó Benedicto XVI. El palio fue puesto sobre los hombros del Papa por Jean-Louis Tauran, cardenal Protodiácono. Acto seguido, Godfried Danneels, cardenal Protopresbítero, rezó una oración.

Anillo del pescador: Pedro, apóstol pescador, se conoce como el "pescador de hombres". Angelo Sodano, cardenal Decano (primero de la Orden de los Obispos), llevó el anillo al Papa. Hecho de plata y oro, diseñado por Enrico Manfrini, lleva incidida la imagen de San Pedro con las llaves. Durante la ceremonia, el anillo estuvo en manos del Arzobispo Pascale Macci, secretario personal del entonces Papa Pablo VI. Más adelante, el anillo estuvo bajo la guardia de monseñor Ettore, quien se lo ofreció al Papa Francisco, por medio del cardenal Re.

Juramento de obediencia: Seis cardenales, dos de cada orden, fueron a saludar al Papa como gesto de obediencia (todos los cardenales electores declararon la propia obediencia al Papa en la Capilla Sixtina al final del Cónclave y al día siguiente pudieron saludar al Papa durante la audiencia en la Sala Clementina del Vaticano).

LA MISA fue la de la Solemnidad de San José, que tiene sus propias lecturas, no directamente relacionadas con el rito de inauguración del pontificado.

El Evangelio fue leído en lengua griega, demostrando así respeto de las Iglesias griegas (ortodoxas) por parte de la Iglesia latina. "El latín" dijo el padre Lombardi el día anterior, "ya está abundantemente presente en las oraciones y en varias partes de la misa".

La ceremonia tardó aproximadamente dos horas. Pudo haber tardado más si se hubiese hecho la procesión de ofrendas. Las ofrendas eucarísticas fueron presentadas por los ministros que prepararon el altar. En esta ocasión el Papa no dio la Comunión, que fue distribuida por los diáconos en el sagrado y por los sacerdotes en las varias zonas de la plaza.

El motete *Tu es pastor ovium* (Tú eres el pastor de las ovejas), compuesto por Pierluigi da Palestrina precisamente para la inauguración de un pontificado, fue cantado durante el ofertorio. Al concluir, fue cantado el *Te deum* con versos que alternaban cantos gregorianos y una melodía de Tomás Luis de Victoria.

Al terminar la celebración, después de haberse quitado sus vestimentas litúrgicas, el Papa se trasladó al altar mayor de la basílica para recibir a los líderes de las delegaciones oficiales de las varias naciones presentes. Luego se fue a almorzar a la Domus Santa Marta.

"Las delegaciones" comentó el padre Lombardi, "Llegaron a Roma después de que el Secretario de Estado hiciera pública la información sobre el evento. No se mandaron 'invitaciones'. Todos los que quieren participar son bienvenidos. Es importante aclarar que nadie tiene una posición privilegiada y nadie será denegado. El orden dependerá del protocolo y de la categoría de la delegación".

Las delegaciones más numerosas vinieron de Argentina, encabezadas por la presidenta Cristina Kirchner, y de Italia, encabezadas por el presidente Giorgio Napolitano y el primer ministro Mario Monti junto a los presidentes del Senado, de la Cámara de Diputados y de la Corte Constitucional.

El presidente de Taiwán, Ma Ying-jeou y su esposa, también estuvieron presentes en la misa. Al terminar la ceremonia saludó al Papa en español, luego cambiando ya en inglés, mencionó al padre Ricardo Ferreira, un sacerdote argentino que dedicó cincuenta años de su vida al pueblo taiwanés hasta su muerte por cáncer a los ochenta años en 2006. Ma Ying-jeou homenajeó al Papa con un jarrón de porcelana decorado con dos urracas. El jarrón evocaba un mural de 1700 de la Ciudad Prohibida en Beijing que fue probablemente pintado por un aprendiz del jesuita Giuseppe Castiglione, pintor de la corte real del emperador Qianlong, durante una época en que la Iglesia Católica tenía excelentes relaciones con China.

Un mensaje necesario

Durante la misa, el Papa basó su homilía en el trabajo y en la figura de San José, esposo de María, cabeza de la Santa Familia. El mensaje fue sobre "el proteger", un mensaje de gran significado en un tiempo en el que la figura de la persona que protege, un padre, una madre, un sacerdote, un erudito o un líder se encuentra bajo un ataque intenso —tiempos en los que la protección se confía a otros, o quizás a nadie, cuando los que protegen son funcionarios públicos anónimos, burócratas ocultos o simplemente no existen.

Proteger significa asegurarse de que lo que uno protege, no se dañe, no se hiera. Este énfasis en el proteger nos hace recordar un pasaje del Apocalipsis que habla de "no herir", es decir, proteger.

En el Apocalipsis, capítulo siete, un ángel asciende "desde el oriente" llevando "el sello del Dios viviente". El ángel gritó "a gran voz" a los otros "ángeles" quienes estaban "dañando" a la tierra, y les dijo que cesaran. ¿Qué relación tiene este pasaje con el papa Francisco?

Sabemos que San Buenaventura (1227–1274) consideró a San Francisco (1181–1226) como una aparición en la historia de este "ángel que llevaba el sello del Dios viviente". Esta consideración se lleva a cabo tras las señales de las heridas de Cristo en el cuerpo de San Francisco (llamadas "estigmas") dos años antes de su muerte, en 1224, después de haber ayunado por cuarenta días en el monte Alverna, en el centro de Italia. San Buenaventura así escribió sobre San Francisco en la biografía de San Francisco, la *Legenda Major* (acreditada por la orden Franciscana en 1263).

Se sabe que durante una charla dada el 10 de marzo de 2010, también el papa emérito Benedicto XVI habló del entendimiento de San Buenaventura sobre los estigmas de San Francisco. En esa ocasión Benedicto relató que la "obra maestra" *Journey of the Mind into God* (*Viaje de la mente hacia Dios*), considerado un "manual" de contemplación mística, se basaba en la meditación de los estigmas de San Francisco por Buenaventura. San Buenaventura quería entender si él, y nosotros, podríamos imitar a San Francisco para acercarnos a Dios. Es decir, para ser "sellados" por Dios.

"Las últimas palabras del *Itinerarium* de San Buenaventura, que responden a la pregunta sobre cómo se puede alcanzar esta comunión mística con Dios, llegarán hasta el fondo de nuestro corazón", comentó Benedicto en 2010.

Citó a San Buenaventura: "Si ahora anhelas saber cómo sucede esto (la comunión mística con Dios), pregunta a la gracia, no a la doctrina; al deseo, no al intelecto; al clamor de la oración, no al estudio de la letra; al esposo, no al maestro; a Dios, no al hombre; a la neblina, no a la claridad; no a la luz, sino al fuego que todo lo inflama y transporta en Dios con las fuertes unciones y los afectos vehementes... Entremos, por tanto, en la neblina, acallemos los afanes, las pasiones y los fantasmas; pasemos *con Cristo crucificado de este mundo al Padre*, para decir con Felipe después de haberlo visto: *esto me basta*" (*Itinerarium*, VII, 6).

Benedicto, en esa ocasión, concluyó: "Queridos amigos, acojamos la invitación que nos dirige San Buenaventura, el doctor seráfico, y entremos en la escuela del Maestro Divino: escuchemos su Palabra de vida y de verdad, que resuena en lo íntimo de nuestra alma. Purifiquemos nuestros pensamientos y nuestras acciones, a fin de que Él pueda habitar en nosotros, y nosotros podamos escuchar su voz divina, que nos atraiga hacia la felicidad verdadera". El papa Francisco impulsaba a los que lo oían a imitar a San Francisco, a tratar de ser como el "ángel del sexto sello" que estaba "sellado con el sello del Dios viviente" y que les dijo a los otros ángeles que cesaran de hacerle "daño" a la tierra.

Este es el pasaje del Apocalipsis: "Luego vi a otro ángel que subía desde el oriente y llevaba el sello del Dios vivo. Gritó con voz poderosa a los cuatro ángeles autorizados para causar daño a la tierra y al mar: 'No hagan daño a la tierra ni al mar ni a los árboles hasta que marquemos con el sello la frente de los servidores de nuestro Dios' " (Apocalipsis 7:2–3).

Mientras que este pontificado comienza bajo la señal de San José, padre y protector, igualmente comienza bajo la señal de San Francisco, protector de la tierra y de todo lo que la habita, el hombre de la paz.

El papa Francisco es el Papa de los que protegerán, defenderán, no "dañarán la tierra" o a los que viven en ella.

El mensaje del papa Francisco no podía ser más simple. Y sin embargo el mensaje expresó la esencia de la misión de la Iglesia en el mundo: toda persona importa. Esta es la raíz de todas las enseñanzas sociales católicas, de toda moralidad católica. Toda persona importa.

Tan simple y, aún así, viendo a todas las personas que están tristes y solas, a los niños con hambre, a los matrimonios interrumpidos, a todos los desamparados, ¿quién puede dudar que el mundo necesita oír este mensaje?

....

CAPÍTULO 11

Primer encuentro con el patriarca Bartolomé y con el metropolita Hilarión

20 DE MARZO: MIRANDO HACIA EL ORIENTE

"Os pido la caridad de una oración especial para mi persona, para que sea un pastor según el corazón de Cristo".

—papa Francisco, el 20 de marzo 2013,
hablando con representantes de iglesias y
comunidades eclesiales de distintas religiones

El séptimo día después de su elección, el papa Francisco recibió al patriarca ecuménico de la Iglesia ortodoxa griega, Bartolomé, con sede en Constantinopla. "Mi hermano Andrés", así lo llamaba el Papa, viajó a Roma para estar presente en la misa inaugural de Francisco.

De acuerdo con el Evangelio, Andrés, hermano de Simón Pedro, fue el primer obispo de Roma. Los dos pescaron juntos en el Mar de Galilea hace más de dos mil años. Los patriarcas de Constantinopla se consideran los sucesores del apóstol Andrés y los papas de Roma se consideran los sucesores del apóstol Pedro.

Por este motivo, el papa Francisco comentaba que la amistad que siente hacia Bartolomé es fraternal, ya que los dos hombres, Francisco y Bartolomé, son como los hermanos Pedro y Andrés.

La decisión de Bartolomé de viajar a Roma para la toma de posesión del papa Francisco "es un evento extraordinario en la historia del cristianismo, y es significativo por razones más allá de la novedad", escribe el doctor George E. Demacopoulos, Ph.D., del Centro de Estudios Cristianos Ortodoxos de la Universidad Fordham, en la página web de la Orden del Apóstol San Andrés.

Se presenta para los medios de comunicación una oportunidad que no sucedía desde el cisma eclesiástico, cisma que separó entre ellas la iglesia oriental y la iglesia occidental en el siglo once. La comparación, sin embargo, quizás no sea adecuada. Es probablemente la primera vez que un obispo de Constantinopla está presente en la toma de posesión de un obispo de Roma. Es un momento importante para la relación entre los ortodoxos y los católicos romanos, un paso que puede tener un significado perdurable.

En primer lugar, esto es un poderoso gesto simbólico por la causa de la unidad cristiana. Nos demuestra, sin precedentes, que el patriarca ecuménico considera una prioridad la relación con la Iglesia Católica. Por su parte, los miembros de la Santa Sede han respondido a este gran gesto de tal manera que ordenaron que el Evangelio leído durante la toma de posesión fuera

cantado en griego (en lugar del latín) como reconocimiento de este evento. Un paso sin precedente fue
hecho por parte del patriarca ecuménico.

El mundo cristiano estuvo dividido por un tiempo
tan largo que el establecimiento de una reunión auténtica requiere valor, liderazgo y humildad. También re-
querirá cimientos en la fe e intereses comunes. A causa
del trabajo bien documentado del papa Francisco en
temas de justicia social y de su insistencia de que la glo-
balización es un detrimento a los pobres, parece que se
hubiera renovado la oportunidad de que las tradiciones
católicas ortodoxas y romanas trabajen colectivamente
en cuestiones de interés mutuo. Con la ayuda de nuestro Señor, esa causa común puede ser transformada a
una más substantiva obra teológica. Semejante hazaña
requiere un primer paso y parece que el patriarca ecuménico Bartolomé está dispuesto a cumplir este paso.

Audiencias privadas

Justo antes de su encuentro con los delegados fraternales,
el papa Francisco llevó a cabo numerosas y pequeñas audiencias. Recibió a los siguientes dignatarios:

- Su Excelencia Dilma Vana Rousseff, presidente de
  Brasil, con séquito.
- Su Santidad Bartolomé I, patriarca ecuménico
  ortodoxo griego de Constantinopla.
- Metropolita Hilarión de Volokolamsk, del patriarcado
  ortodoxo ruso de Moscú.
- Claudio Epelman, director ejecutivo del Congreso
  Judío Latinoamericano.

Discurso a los delegados fraternales

En la tarde del 20 de marzo, en la sala Clementina del Palacio Apostólico, el papa Francisco recibió a los delegados fraternales, o sea, a los representantes enviados por las Iglesias, las comunidades eclesiásticas y las organizaciones ecuménicas internacionales, así como a los representantes de religiones no cristianas que habían llegado a Roma para su toma de posesión.

A nombre de todos los presentes, el patriarca ecuménico de Constantinopla, Bartolomé I, saludó al Papa, recordando la "obra difícil, elevada y seria" que lleva su ministerio. Reiteró la necesidad de las Iglesias en rehuir distracciones mundanas y en trabajar en unidad entre cristianos.

Después de haber escuchado las palabras del patriarca sentado en una silla, en lugar del trono normalmente usado en la Sala Clementina, el papa Francisco agradeció a Bartolomé. Y comentó que, gracias a la presencia de representantes de distintas comunidades en la misa del día anterior, había sentido "de forma todavía más fuerte, la oración por la unidad entre los creyentes en Cristo", y que vislumbró en su presencia, su eventual "realización plena que depende del plan de Dios y de nuestra sincera colaboración".

"Inicio mi ministerio apostólico" continuó, "en este año que mi venerado predecesor, el papa Benedicto XVI, con intuición verdaderamente inspirada, ha proclamado Año de la Fe para la Iglesia Católica. Con esta iniciativa, que quiero continuar y espero que sirva de estímulo para el camino de fe de todos, quiero conmemorar el cincuentenario del Concilio Vaticano II, proponiendo una especie de peregrinación a lo que es esencial para todo cristiano: la relación personal y transformadora con Jesucristo, Hijo de Dios, muerto y resucitado para nuestra salvación. En el deseo de proclamar a los hombres de nuestro tiempo este tesoro de la fe siempre válido estriba el fulcro del mensaje conciliar".

Una vez más, el nuevo papa habla sobre la necesidad de una relación personal con el resucitado y viviente Señor Jesucristo. No habla de "estudiar" la fe, o de "estudiar" el trabajo y la vida de Jesús, sino de "relación" con Jesús.

Francisco continuó hablando sobre la necesidad de la unidad cristiana. Resaltó la imagen y las palabras del papa Juan XXIII en la apertura del Concilio Vaticano Segundo:

La Iglesia Católica considera su deber el esforzarse diligentemente en realizar el gran misterio de la unidad por la que Jesucristo, poco antes de su sacrificio, oró ardientemente al Padre celestial.

Sí, queridos hermanos y hermanas en Cristo, sintámonos todos íntimamente unidos en la oración de nuestro Salvador en la Última Cena, en su invocación: *Ut unum sint.* Pidamos al Padre misericordioso que vivamos plenamente esa fe que hemos recibido como un don el día de nuestro bautismo, y que demos de ella un testimonio libre, alegre y valiente. Este será nuestro mejor servicio a la causa de la unidad entre los cristianos, un servicio de esperanza para un mundo todavía marcado por divisiones, contrastes y rivalidades.

Por mi parte, deseo asegurar, siguiendo la línea de mis predecesores, la firme voluntad de proseguir el camino del diálogo ecuménico... Os pido, queridos hermanos y hermanas, que llevéis mi cordial saludo, junto con la seguridad de mi recuerdo de vosotros ante el Señor, a las Iglesias y a las Comunidades cristianas que representáis, y os pido a vosotros la caridad de una plegaria especial por mi persona, para que sea un pastor según el corazón de Cristo".

Luego, dirigiéndose a los representantes de la las comunidades judías, subrayó el "vínculo espiritual muy especial" que mantienen con los cristianos.

Siguió citando *Nostra Aetate* (1965) una declaración del segundo concilio Vaticano de gran importancia y un poco abandonada: "la Iglesia de Cristo reconoce que... los comienzos de su fe y de su elección se encuentran ya en los patriarcas, en Moisés y en los profetas... confío en que, con la ayuda del Altísimo, podamos proseguir con provecho ese diálogo fraterno que deseaba el Concilio, y que efectivamente se ha llevado a cabo, dando no pocos frutos, especialmente a lo largo de las últimas décadas".

Después de esto, el Papa recibió a los que pertenecían a otras tradiciones religiosas, y entre ellas a los musulmanes, quienes "adoran al Dios único, viviente y misericordioso, y lo invocan en la plegaria, y a todos vosotros". Esta divulgación obtuvo algunas críticas por parte de oponentes del islam en el oeste. Sin embargo, las palabras de Francisco fueron muy claras: desea la participación de los musulmanes en un diálogo como compañeros de respeto.

Igualmente fue un encuentro programático en el cual el Papa presentó un programa de discusión de amplio alcance, diálogo, y amistad con otros cristianos, con judíos, con musulmanes, y otros de buena voluntad.

El metropolita Hilarión se encuentra nuevamente con el papa Francisco

El mismo 20 de marzo, al final del día, se tuvo el encuentro del papa Francisco con el metropolita Hilarión de Volokolamsk, presidente del Departamento de Relaciones Exteriores de la Iglesia del Patriarcado de Moscú y con un representante de alto nivel del patriarca Kirill, quien encabeza la Iglesia Ortodoxa de Rusia. La junta se reunió en la Secretaría de Estado del Vaticano y fue un encuentro significativo debido a que Rusia es una nación de gran importancia —ya que abarca un sexto de la masa continental de la tierra, y mantiene una abundancia de recursos naturales como petróleo, gas, minerales y madera, además de haber sido el núcleo de la Unión Soviética por setenta años— y también porque la Iglesia Ortodoxa de Rusia renació desde 1991, después de haber sido perseguida bajo el régimen comunista, y es la más numerosa de las catorce Iglesias Ortodoxas nacionales.

Al comenzar la junta, Hilarión transmitió al Papa saludos cálidos y gratitud por las oraciones de Su Santidad de parte del patriarca Kirill de Moscú y de toda Rusia, y dijo que el primado había seguido con interés los procesos de elección y entronización. Procedió presentando al Papa una copia del libro escrito por el patriarca Kirill, *La libertad y la responsabilidad,* traducido a la lengua castellana. El papa Francisco expresó sus sinceros y mejores deseos para el primado de la Iglesia Ortodoxa de Rusia.

Durante su conversación, Hilarión le platicó al papa Francisco de la vida y ministerio de la Iglesia Ortodoxa de Rusia y expresó sus esperanzas de que los buenos avances y el desarrollo de la relación entre la Iglesia Ortodoxa de Rusia y la Iglesia Católica Romana que ocurrieron durante

el pontificado de Benedicto XVI continuaran. Adicionalmente, Hilarión mencionó que el Patriarcado de Moscú
atribuía gran importancia al desarrollo de relaciones con la
Iglesia Católica, particularmente en los campos de ministerio social, ayuda a los pobres e indigentes y protección de los
perseguidos.

Hilarión habló también sobre los problemas que persisten
entre las dos Iglesias, pero expresó su esperanza de solucio-
nar este problema durante el nuevo pontificado.

Al terminar el encuentro, Hilarión ofreció al Papa un
icono de la Madre de Dios llamado "Mira hacia la humildad", regalo de parte del patriarca Kirill, notando que "los
primeros pasos que hizo su Santidad después de haber sido
elegido, fueron de humildad".

El Papa le respondió que le faltaba humildad para tal regalo y le pidió oraciones al Señor para que se la concediera.

La conversación se ejecutó en ruso y castellano y fue
traducida por Miguel Palacios, uno de los asistentes de
Hilarión.

Un pulmón para hacer dos pulmones

En los próximos años, el Papa tendrá que enfrentarse con
enormes obstáculos y entre ellos uno de los más difíciles
será superar la división entre los católicos y los ortodoxos,
separación que perdura desde el año 1054, cuando el Papa
de Roma y el patriarca de Constantinopla se excomulgaron
mutuamente. Esa separación impulsó el Gran Cisma entre
oriente y occidente, el mundo latino y el griego, el de los
ortodoxos y los católicos. Ha sido un deseo de los últimos
papas y no de algunos ortodoxos, sobrepasar esta división,
lograr reunir a las dos ramas de la cristiandad y hacer que

la cultura occidental y las culturas europeas "respiren con dos pulmones", una expresión del papa Juan Pablo II, quien fuertemente favorecía este proceso.

Similarmente, Francisco intentará hacer que Europa "respire con dos pulmones", mientras que él mismo respira con un pulmón. El pontífice argentino perdió la mayor parte de un pulmón por una infección que sufrió cuando tenía veinte años. "Ahora sí lo resiente", comenta su biógrafo oficial, Sergio Rubín. "Sí, se le hace un poco pesado al andar pero en general está bien".

Sus médicos comentan que la pérdida del funcionamiento de uno de sus pulmones no compromete necesariamente su salud o arriesga acortar el ciclo de vida del Papa. Lo que sí es necesario para el Papa es la ausencia de ejercicio extenuante ya que su capacidad de aire es limitada.

"No es muy probable que participe en maratones pero dudo que uno de estos aparezca en su agenda", le comentó a un periodista el Doctor Peter Openshaw, director del Centro de Infecciones Respiratorias del Colegio Imperial en Londres. "Un pulmón es más que suficiente mientras no se encuentre alguna otra enfermedad en ese pulmón".

El Doctor Openshaw comentó que no cree que el programa papal vaya a ser demasiado pesado para Francisco y su único pulmón, aunque notó que la caja torácica del Papa podrá parecer fuera de lo normal. "Sus rayos X podrán verse alarmantes pero uno rápidamente entiende cuando se entera de que solo tiene un pulmón".

Openshaw siguió comentando que es probable que el único pulmón de Francisco se pueda expandir, llenando así el vacío dejado por el pulmón perdido y la caja torácica habría reducido su tamaño. Consecuentemente es posible que su diafragma suba un poco más alto de lo normal.

Los expertos dicen que en estos tiempos sería anormal quitar por completo un pulmón ya que se usarían antibióticos para tratar una infección, incluso una tuberculosis; solo en casos de cáncer avanzado, parte del órgano sí se extraería. Desafortunadamente, antibióticos de tal eficacia no existían durante los años en los que Francisco perdió su pulmón. "Antes usábamos métodos extraños para tratar infecciones del pulmón", comentaba la Doctora Jennifer Quint, experta respiratoria de la Escuela de Higiene y Medicina Tropical de Londres. Mencionó que los médicos en aquellos tiempos llegaron a insertar pelotas de ping-pong en pulmones humanos con el afán de privar al pulmón de oxígeno para matar a la bacteria.

Quint añadió que el hecho de que Francisco parece gozar de buena salud a los setenta y seis años habla bien de su futuro. "Si se hubiese presentado alguna complicación a causa de la operación [por haber removido el pulmón], ya la hubiera exhibido". También dijo que el reto para Francisco será mantener sano el pulmón que le queda. "Yo recomendaría una vacuna anual contra la gripe y ocasionalmente una vacuna para la neumonía para evitar infección", dijo la doctora.

Openshaw estaba de acuerdo con la noción de que el pulmón que le queda al Papa debería compensar el que perdió, tal como ciertas regiones del cerebro adquieren funciones de regiones dañadas por una apoplejía. "Su otro pulmón puede adquirir capacidad hasta un cierto punto", dijo, comparándolo con un motor de carro que ahora corre un poco más lento. "Quizás no pueda acelerar como antes, pero sigue funcionando bien".

"El papa Francisco no me denunció".

El mismo 20 de marzo hizo una declaración el padre Francisco Jalics, que fue encarcelado durante cinco meses durante los años setenta por mano de la dictadura argentina, diciendo que él y el nuevo Papa se habían "reconciliado" en el año 2000. Corría voz en la prensa, de que Jalics culpaba por su encarcelación, por lo menos en parte, al papa Francisco cuando este era superior regional de los Jesuitas en Argentina en los años setenta. Pasaron varios reportajes en los que el padre Bergoglio, de una manera u otra, parecía haber sido "cómplice" del régimen militar en esa década.

La asociación de Bergoglio con la dictadura estaba relacionada con el testimonio de María Elena Funes, una catequista que fue detenida por las autoridades después del arresto y subsecuente desaparecimiento de dos sacerdotes jesuitas.

"Antes me inclinaba por la idea de que habíamos sido víctimas de una denuncia", dijo Jalics en su declaración publicada por internet. "Pero a fines de los noventa, después de numerosas conversaciones, me quedó claro que esa suposición era infundada. Por lo tanto es erróneo afirmar que nuestra captura tuvo lugar por iniciativa del padre Bergoglio".

Comentando la elección del papa Francisco, Jalics había dicho que él y Bergoglio se habían reconciliado y se "abrazaron solemnemente" en el año 2000. Sin embargo sus comentarios en esa declaración se demostraron sin compromiso, comentando que "no podía comentar sobre el papel del padre Bergoglio en esos eventos". Por esto y por documentos y testimonios hechos por Orlando Yorio, quien había fallecido hace varios años, críticos del Papa en Argentina seguían acusándolo de esta ofensa. El hecho de que Jalics fuera incapaz de negar tales acusaciones, se añadió a las sospechas de sus críticos.

Jalics fue categórico en su nueva declaración: "Algunos comentarios implican lo contrario de lo que quise decir", dijo. "El hecho es que Orlando Yorio y yo no fuimos denunciados por el padre Bergoglio".

El padre Federico Lombardi, portavoz del Vaticano, el 15 de marzo, dos días después de la elección del Papa, dijo que, al contrario, "ha habido bastantes declaraciones que demuestran lo mucho que hizo Bergoglio para proteger a personas en esos tiempos".

Esto fue corroborado por el ganador del Premio Nobel de la Paz argentino, Adolfo Pérez Esquivel. Bergoglio "no tenía vínculo con la dictadura" que gobernó en Argentina desde 1976 hasta 1983, dijo Pérez Esquivel en su comentario a Noticias BBC el 14 de marzo. "Sí había obispos cómplices de la dictadura, pero no es el caso de Bergoglio. A Bergoglio se lo cuestiona porque se dice que no hizo lo necesario para liberar a dos sacerdotes de una prisión, siendo él el superior de la congregación de los Jesuitas, pero yo sé personalmente que muchos obispos pedían a la junta militar la liberación de prisioneros y sacerdotes, y no se les concedía. Les decían que sí y luego no se la daban", aseguró Pérez Esquivel.

Días después de su elección, el papa Francisco recibió el apoyo de una fuente inesperada: Viggo Mortensen, el actor que interpretó a Aragorn en la película basada en el libro profundamente cristiano de J.R.R. Tolkien, *El Señor de los anillos.*

Durante una entrevista de Andrew O'Hehir para Salon.com después de la elección del Papa, titulada "Viggo Mortensen: Dejen al Papa en paz —la estrella de *El Señor de los anillos,* con el cual comparte el apoyo al mismo equipo de fútbol, lo ha conocido años atrás y defiende su honor", Mortensen reveló que él y el Papa son fanáticos del mismo equipo de fútbol en Buenos Aires.

"Él ha sido un fan desde pequeño y creció con ese equipo. Realizó muchas de sus obras como sacerdote jesuita en esa vecindad, la cual es bastante pobre. Hay muchísimos problemas en esa vecindad: pobreza, drogas, crímenes. Él es producto de la tradición jesuita de ayudar a los necesitados".

Cuando se le preguntó si sabía algo de Bergoglio, Mortensen contestó: "Si, sé mucho de él... Sé que cuando recién lo habían nombrado circularon muchos rumores sobre su posible complicidad con el régimen dictatorial durante los años setenta, y todos esos rumores fueron desmentidos... Hay demasiados chismes maliciosos y supongo que no solo son cosas de la izquierda o de la derecha. Quizás son personas que no le tienen mucho respeto a la Iglesia Católica, tal vez son personas rencorosas...

"Los individuos que realmente lo conocían —activistas de derechos humanos, incluyendo un ganador del Premio Nobel de la Paz en 1980, como la jueza que fue expulsada del país, individuos que han sido tratados extremadamente mal quienes, si fuera cierto, tendrían toda la razón en hablar en contra de él— han decidido defenderlo incondicionalmente... la Iglesia definitivamente es culpable de muchas cosas en esos tiempos, pero francamente no creo que él lo fuera".

CAPÍTULO 12

....

Diplomáticos:
Aferrándose a Benedicto

20 DE MARZO

"Pero hay otra pobreza. Es la pobreza espiritual de nuestros días, que afecta gravemente también a los países considerados más ricos. Es lo que mi predecesor, el querido y venerado papa Benedicto XVI, llama la 'dictadura del relativismo'".

—*papa Francisco, citando las palabras del papa Benedicto XVI en la víspera del cónclave en 2005.*

El 22 de marzo, nueve días después de su elección, y al tercer día de su toma de posición oficial, Francisco habló al cuerpo diplomático. Había representantes de ciento sesenta naciones que tienen relaciones diplomáticas con la Santa Sede. Este encuentro se llevó a cabo en la Sala Regia del Vaticano.

Durante su discurso ante el grupo diplomático, el papa Francisco siguió las huellas de su predecesor.

La importancia de las palabras de Francisco no debe ser

subestimada. El nuevo Papa, a pesar de las noticias de la prensa que decía que iba a ser "diferente", que representaba una "nueva dirección", una "visión renovada" de la Iglesia, aclaró que compartía la visión espiritual de Benedicto XVI. En este discurso, a diferencia de otros, el Papa leyó estrictamente las notas preparadas, nunca improvisando. Fue un discurso meditado e intencional.

Si uno fuera a resumir en una frase lo que dijo al grupo diplomático sería: "Respaldo a Benedicto". ¿Pero, exactamente, en qué lo respalda?" Lo que dijo Francisco es sumamente importante y debería ser interpretado cuidadosamente por todos los que buscan entender lo que se refiere al nuevo Papa.

En los días después de su elección, había muchos observadores que "rodeaban" al Papa, como el famoso cuento de los ciegos que rodeaban al elefante tratando de entender lo que era sin poder verlo. Uno tocó la cola del elefante, tan parecida a una cuerda, y dijo que el elefante era una pitón; otro tocó la oreja, lisa como una sábana, y dijo que el elefante era delgado y plano; y otro toco la dureza de su colmillo de marfil, concluyendo que el elefante era un animal peligroso con ningún otro rasgo que un punto filoso. Cada uno "vio" solo una parte pequeña y nadie lo vio por entero.

De igual manera, un observador tomó nota de la simplicidad del Papa, de su pobreza, y de su amor a los pobres, diciendo luego equivocadamente: "Es el papa del pueblo, el papa de los pobres y por esto... es liberal, posiblemente un revolucionario social, un papa de 'liberación...' y quizás quiera romper con las enseñanzas conservadoras de la Iglesia sobre las cuestiones sexuales".

Otro experto notó que Francisco había defendido las enseñanzas de la Iglesia sobre la familia con respecto a la moralidad sexual cristiana, y comentó, también esta vez equivocándose: "es un conservador, no 'va a mover las piezas' en absoluto".

Ninguna de estas visiones es suficiente y tampoco exacta. No se puede "definir" al papa Francisco con estas "categorías" simplistas, irrelevantes, políticas; él las trasciende. Precisamente como Jesús trascendió toda categoría, amaba a los pecadores —y todos son pecadores— y al mismo tiempo les pedía que no pecaran. Amar al pecador y no el pecado. Precisamente como el papa Benedicto nos recordó incesantemente que nuestro destino como seres humanos trasciende toda categoría mundana, porque hemos sido creados para la eternidad y no solo para un tiempo determinado.

Quizá es tiempo de que entendamos que no somos católicos "conservadores" y "liberales", o "tradicionales" y "ortodoxos". Somos solo católicos de la Iglesia universal, la cual data de los primeros días de la Iglesia hasta el fin del mundo en términos globales de tiempo y espacio.

De todos modos, el papa Francisco marcó poderosamente el rumbo en su discurso al grupo diplomático, trascendiendo de la "izquierda" y de la "derecha", apuntando hacia cosas superiores. Este fue el primer gran discurso programático de su pontificado.

Su objetivo principal era: (1) No traten de encajonarme o de reducirme a mí o a mis mensajes a categorías mundanas; (2) no traten de separarme de mi predecesor Benedicto. La frase clave es que existe una "pobreza espiritual" tal y como existe una pobreza "física" —un mensaje central del cristianismo y central en el pontificado de Benedicto XVI.

El papa Francisco dijo que existe una verdad accesible a todos los seres humanos, una verdad que da vida y luz, una verdad que el relativismo, por su negación de que una verdad pueda ser absoluta, oscurece, dejando confusión, oscuridad, y finalmente, muerte (como dijo el papa Juan Pablo II, ayudando a crear una "cultura de muerte").

Este argumento fue desarrollado refiriéndose a las razones por las que escogió el nombre Francisco. El nuevo Papa dijo: "Como sabéis, son varios los motivos por los que elegí mi nombre pensando en Francisco de Asís. Uno de los primeros es el amor que Francisco tenía por los pobres. ¡Cuántos pobres hay todavía en el mundo! Y ¡cuánto sufrimiento afrontan estas personas!". Luego agregó: "Pero hay otra pobreza. Es la pobreza espiritual de nuestros días, que afecta gravemente también a los países considerados más ricos. Es lo que mi predecesor, el querido y venerado papa Benedicto XVI, llama la 'dictadura del relativismo', que deja a cada uno como medida de sí mismo y pone en peligro la convivencia entre los hombres".

Aquí Francisco se apropiaba del pensamiento del papa emérito Benedicto con respecto al problema clave de la sociedad moderna secular, el problema de relativismo moral que afirma que toda verdad es relativa y que niega que la acción humana pueda ser catalogada de manera definitiva como "buena" o "mala".

Hace ocho años, el 18 de abril de 2005, este pensamiento era el centro de la homilía que el cardenal Joseph Ratzinger había hecho a los cardenales antes de entrar en el cónclave que lo iba a elegir como Papa. Retomamos esos históricos pasajes:

> ¡Cuántos vientos de doctrina hemos conocido durante estos últimos decenios!, ¡cuántas corrientes ideológicas!, ¡cuántas modas de pensamiento!... La pequeña barca del pensamiento de muchos cristianos ha sido zarandeada a menudo por estas olas, llevada de un extremo al otro: del marxismo al liberalismo, hasta el

libertinaje; del colectivismo al individualismo radical; del ateísmo a un vago misticismo religioso; del agnosticismo al sincretismo, etc. Cada día nacen nuevas sectas y se realiza lo que dice San Pablo sobre el engaño de los hombres, sobre la astucia que tiende a inducir a error (cf. Ef 4,14).

A quien tiene una fe clara, según el Credo de la Iglesia, a menudo se le aplica la etiqueta de fundamentalismo. Mientras que el relativismo, es decir, dejarse "llevar a la deriva por cualquier viento de doctrina", parece ser la única actitud adecuada en los tiempos actuales. Se va constituyendo una dictadura del relativismo que no reconoce nada como definitivo y que deja como última medida sólo el propio yo y sus antojos.

Nosotros, en cambio, tenemos otra medida: el Hijo de Dios, el hombre verdadero. Él es la medida del verdadero humanismo. No es "adulta" una fe que sigue las olas de la moda y la última novedad; adulta y madura es una fe profundamente arraigada en la amistad con Cristo. Esta amistad nos abre a todo lo que es bueno y nos da el criterio para discernir entre lo verdadero y lo falso, entre el engaño y la verdad.

Debemos madurar esta fe adulta; debemos guiar el rebaño de Cristo a esta fe. Esta fe —solo la fe— crea unidad y se realiza en la caridad.

Al usar esta misma frase, la "dictadura del relativismo", el papa Francisco relacionaba sus pensamientos, su fe y la dirección de su pontificado a las palabras de aquel entonces del cardenal Joseph Ratzinger.

Otros puntos muy importantes en el discurso del papa Francisco:

- El deseo del Papa de dialogar con el Islam, que ha sido expresado claramente, y que debe ser visto con interés por parte de muchos potentes del occidente que, desde el 11 de septiembre de 2001, han estado en lo que parece ser un conflicto sin fin con gran parte del mundo islámico.

- Al nuevo Papa le preocupa la creación, que el ser humano tenga cuidado de no "dañar la tierra".

- El papa Francisco expresa un claro deseo de que "los pocos países que todavía no tienen relaciones diplomáticas con la Santa Sede", como China, pronto establezcan relaciones.

El papa Francisco no leyó este discurso en francés —idioma tradicionalmente utilizado por los papas en este tipo de reuniones diplomáticas—. Se dice que el Papa entiende y habla francés, y también un poco de inglés, pero que se ha sentido un poco incómodo al usar esos idiomas en público, prefiriendo hablar en italiano ya que lo habla con fluidez. Esto explica por qué, con excepción de algunas frases en español, todos sus discursos públicos durante sus primeros días han sido en italiano.

Silla blanca y no un trono

Con respecto a pequeños detalles, el papa Francisco ya había hecho varios cambios durante sus primeros días como papa. Su actitud de apertura fue obvia.

Durante sus primeros nueve días, solamente usó el trono tradicional una vez. En todos los otros encuentros con líderes religiosos y diplomáticos, el Papa usó una simple silla blanca, la cual está normalmente reservada para la audiencia general semanal. Además la silla no fue elevada sobre una plataforma, quedándose así al mismo nivel de los otros asientos. De hecho, el Papa, durante los encuentros con líderes religiosos, usó la misma silla que usaban sus invitados.

Comentarios adicionales sobre el nuevo Papa

También el 22 de marzo salieron en los diarios diferentes comentarios sobre la elección del nuevo papa que nos dieron una más profunda comprensión sobre quién es este hombre y sobre su visión espiritual. A través de estos comentarios, publicados por la estación de noticias Rome Reports, aprendimos que la persona más sorprendida con la elección del cardenal Jorge Bergoglio fue él mismo.

El obispo auxiliar de Buenos Aires, que había vivido con el Papa durante los últimos diez años, explicó cómo la elección había cambiado los planes que tenía el cardenal Bergoglio. "Su plan para el futuro, después de quese aceptara su renuncia y se haya nombrado a su sucesor, era vivir en una casa para sacerdotes ancianos y enfermos en Buenos Aires", comentó monseñor Eduardo García. "Ya había escogido su recámara. Habría llevado una vida de oración, como consejero espiritual de muchos, y celebrado misas en parroquias. Una vida normal sin gobernanza".

Después de haber trabajado con él todos los días durante muchos años, monseñor García dijo que el estilo del Papa es natural y coincide bien con su necesidad de convivir y mantenerse cerca a las personas.

"Nadie llama de su parte", dijo García. "Cuando tiene una entrevista, él es el que tiene que responder. Nadie lo puede hacer por él. Te llama directamente para decirte que vengas mañana a esta hora u otra. En esto él es bastante independiente en sus deseos de comunicación directa".

Durante los años a la cabeza de la Iglesia en Buenos Aires, las enseñanzas y los escritos del entonces cardenal Bergoglio habían establecido directrices claras.

"Hay tres palabras que lo pueden definir: unidad, verdad y misericordia", comentó García. "Esas son las palabras". El obispo auxiliar de Buenos Aires dijo que la imprevisibilidad del papa Francisco en el fondo es natural y es una extensión de su fe, aunque pueda parecer raro. "Estas son sus anormalidades", dijo. "Parecen ser anormalidades pero hemos estado deformando la vida y, lo que debería ser normal, hoy es raro. Es el estar al lado de los que nos necesitan e ir más allá de nociones preestablecidas de cómo hablar el uno al otro; parece raro pero no lo es".

El arzobispo de Budapest, el cardenal Peter Erdö, con sus sesenta años es uno de los cardenales electores más jóvenes, tomó parte en el último cónclave del 13 de marzo y también estuvo en el cónclave de 2005. Erdö dijo a Rome Reports que el hecho de que Bergoglio escogiera el nombre de Francisco nos dice mucho de su estilo y de su espiritualidad.

Erdö comentó: "Creo que él quiere dar un nuevo empujón a la vida espiritual de la Iglesia. En sus tiempos, San Francisco de Asís representaba algo nuevo, no solo socialmente sino también a nivel espiritual".

También habló sobre el hecho de que el nuevo papa fue rector de la Pontificia Universidad Católica Argentina, subrayando la importancia de la educación que será un pilar del nuevo pontificado. "Él quiere transmitir la fe de una manera simple y directa a la gente común", dijo Erdö. "Al igual quiere demostrar la riqueza de la fe por medio de una conversación científica y de alto nivel".

Es probable entonces que el papa Francisco utilice su papado para continuar trabajando de una forma global. Sin duda apoyará la educación católica, el diálogo entre la fe y la ciencia y el hecho de asistir a los pobres a través del mejoramiento de la educación para los niños y los jóvenes. Todo esto será un esfuerzo concentrado en ayudar a todos en todo el mundo a crecer no solo intelectualmente sino también espiritualmente.

....

CAPÍTULO 13

Primer encuentro con
el papa emérito Benedicto

"Hermoso".
—*Padre Federico Lombardi, S.J., hablando del primer abrazo entre el*
papa Francisco y el papa emérito Benedicto XVI en Castel Gandolfo

Francisco se encuentra con Benedicto

Lo que sigue está basado en un reportaje de Radio Vaticano sobre la primera reunión entre el nuevo papa, Francisco y el ex papa, Benedicto XVI.

Mientras se esperaba que el papa emérito Benedicto se encontraría con el papa Francisco en el palacio, Benedicto fue a la plataforma de aterrizaje del helicóptero, la cual se situaba a casi a una milla del palacio, para saludarlo.

Los dos hombres se reunieron solos por cuarenta y cinco minutos antes de almorzar, donde serían acompañados por sus secretarios.

Hablando exclusivamente con Radio Vaticano, el director de la Oficina de Prensa del Vaticano, padre Federico Lombardi, S.J., reveló detalles de este encuentro histórico, que describió como un momento de "profunda y elevada comunión":

El helicóptero (que trasladó a Francisco desde el Vaticano) aterrizó en el helipuerto de Castel Gandolfo hacia las 12:15. El automóvil con el papa emérito se acercó al lugar de aterrizaje del helicóptero. El Santo Padre Francisco descendió. Estaba acompañado de su ayudante, monseñor Becciu, por monseñor Sapienza y por monseñor Alfred Xuereb.

Apenas el Papa descendió, el Papa Emérito se acercó a él y se dieron un conmovedor abrazo.

Luego de breves saludos entre los otros presentes —el obispo de Albano y el director de las Villas Pontificias, Petrillo— se fueron en automóvil. El papa Francisco a la derecha, es decir en el puesto clásico del Papa, mientras que el papa emérito Benedicto XVI se ubicó a la izquierda. En el automóvil se encontraba también monseñor Georg Gänswein, prefecto de la Casa Pontificia. De esta forma el automóvil se dirigió a los elevadores y los dos protagonistas del histórico encuentro subieron al apartamento y se dirigieron enseguida a la capilla para un momento de oración.

En la capilla, el Papa Emérito le ofreció a Francisco el lugar de honor, pero este dijo: "Somos hermanos", y quiso que se arrodillaran juntos, en el mismo reclinatorio. Después de un breve momento de oración, se dirigieron a la biblioteca privada, donde, alrededor de las 12:30 comenzó el encuentro privado. Esta es la biblioteca en la que normalmente el papa recibe a los invitados importantes en Castel Gandolfo.

El papa Francisco le llevó de regalo al Papa Emérito una bella imagen de Nuestra Señora de Humildad, y luego comenzó la reunión, la cual duró aproximadamente 45 minutos, hasta la 1:15.

Es de importancia notar la vestidura de ambos... el Papa Emérito llevaba un simple talar blanco, sin faja ni esclavina: son dos prendas particulares que lo distinguen, a diferencia del vestido de Francisco, quien llevaba puesto una esclavina y la faja. En el almuerzo estuvieron presentes los dos secretarios, monseñor Georg Gänswein y monseñor Alfred Xuereb. Así el encuentro totalmente privado y reservado finalizó después de la reunión en la biblioteca.

El Papa Emérito acompañó a Francisco hasta el helipuerto también cuando llegó el momento de regresar.

Hay que recordar que este no es el primer encuentro entre los dos, más sí el primer encuentro en persona, ya que el papa Francisco ya había dirigido sus pensamientos y palabras al Papa Emérito en la Logia de las Bendiciones, cuando apareció por primera vez en la Logia, y durante dos llamadas telefónicos personales: la noche misma de la elección y el día de San José, para enviarle sus deseos.

El diálogo por lo tanto ya se había iniciado, aunque el encuentro físico no había tomado lugar.

Recordemos que el Papa Emérito ya había manifestado su reverencia y obediencia incondicional hacia su sucesor en su encuentro de despedida con los cardenales durante el 28 de febrero y, por lo tanto, ha podido en este encuentro (el de hoy) —un momento

de profunda y elevada comunión— reafirmar su acto
de reverencia y obediencia a su sucesor, mientras que
Francisco reafirmó su gratitud y la de toda la Iglesia
por el ministerio llevado a cabo por el papa Benedicto
durante de su pontificado.

El padre Lombardi excluyó la posibilidad de que al papa
Francisco y Benedicto XVI aparecieran en el balcón juntos
para saludar al público.

El icono de María

Las palabras resonantes del primer encuentro entre el Papa
presente y pasado son las del papa Francisco a Benedicto:
"Somos hermanos".

Así fue como lo escribió Nicole Winfield, en su amplio
despacho para la Prensa Asociada: "Los dos hombres en
blanco se abrazaron y se demostraron uno al otro el respeto
que se debe a un papa de una manera que seguramente vol-
teó de cabeza al protocolo del Vaticano: un papa reinante
diciéndole a uno retirado, 'Somos hermanos' e insistiendo
que recen lado a lado en una fecha en la cual se discutiría el
futuro de la Iglesia Católica".

En este mismo despacho, ella notó: "Francisco le trajo a
Benedicto un regalo, el icono de la Virgen. 'Me mencionaron
que es la Madona de Humildad', Francisco le comentaba a
Benedicto. 'Déjeme decir una cosa: Cuando me dijeron esto,
inmediatamente pensé en usted y en los muchos ejemplos
maravillosos de humildad y mansedumbre que nos dio durante su pontificado'. Benedicto le respondió: *'Grazie, grazie'* ".

El icono que le dio el papa Francisco al papa emérito Benedicto fue el mismo que el papa Francisco recibió de parte del

metropolita Hilarión de la Iglesia Rusa Ortodoxa tres días antes. Le pregunté a Hilarión cómo se sintió sobre la decisión del papa Francisco. "Muy contento y conmovido", respondió.

¿Ahora, qué significa todo esto? Durante el primer encuentro entre dos papas en la historia de la Iglesia Católica se encontraba una conexión rusa y una conexión ortodoxa ligándolos: la imagen de la Virgen María, la Virgen de Humildad, traída desde Rusia.

Personalmente, esto sugiere que María, la Madre de la Iglesia, está cuidando a la Iglesia durante estos tiempos difíciles y peligrosos, siendo madre de estos dos hombres, Benedicto y Francisco, uniéndolos.

Tengo la sensación de que en esto se encuentra un diseño misterioso, un diseño místico, para el regreso de la Iglesia Cristiana a una elevada unidad, oriente y occidente, griega y latina, ortodoxo y católico —con uno de los grandes puntos de articulación siendo el de Rusia—.

La Madonna de Humildad... Es precisamente la humildad lo que une a estos dos papas. Uno se ha dedicado a una vida de contemplación y de teología; el otro a una vida de acción y al cuidado pastoral del pobre. Ambos simples y humildes. Y el camino de proceder hacia mayor unidad cristiana es este mismo camino, el camino de María, el camino de la humildad.

Trae a la mente la conclusión de la homilía durante la misa de su instalación, en la cual el papa Francisco pidió por la intercesión específica de María:

> Custodiar a Jesús con María, custodiar toda la
> creación, custodiar a todos, especialmente a los más
> pobres, custodiarnos a nosotros mismos; he aquí
> un servicio que el obispo de Roma está llamado a

desempeñar, pero al que todos estamos llamados, para hacer brillar la estrella de la esperanza: protejamos con amor lo que Dios nos ha dado.

Imploro la intercesión de la Virgen María, de San José, de los apóstoles San Pedro y San Pablo, de San Francisco, para que el Espíritu Santo acompañe mi ministerio, y a todos vosotros os digo: Recen por mí. Amén".

Don Georg

Francisco no se encontró completamente solo durante sus primeros días como papa. Observadores notaron una presencia discreta en varias ocasiones: el arzobispo Georg Gänswein, el secretario personal del papa emérito Benedicto XVI y prefecto de la Casa Pontificia. Gänswein es la "conexión" entre el Papa Emérito y el papa Francisco. Se encontraba al lado de Francisco durante muchas de sus primeras apariciones públicas: durante su visita en Santa María Mayor donde rezó, y cuando pagó sus cuentas en el escritorio de la residencia Vaticana para sacerdotes, en el encuentro con todos los cardenales de la Iglesia al siguiente día, y en la junta con periodistas en la Sala de Audiencias de Pablo VI en el tercer día. "El papel del arzobispo Gänswein durante el comienzo de su pontificado sobrepasa el del prefecto de la Casa Pontificia", escribió Giacomo Galeazzi, un Vaticanista Italiano en *VaticanInsider* el 17 de marzo. "Una figura completamente nueva en la historia eclesiástica, Georg es el punto de contacto entre el papa reinante y el papa emérito. Preserva sus deberes como secretario de Ratzinger y sigue viviendo en Castel Gandolfo, y al mismo tiempo encabeza el Domus Pontificalis de su sucesor Bergoglio. Más allá de todo protocolo, actúa sustancialmente como correa de transmisión en esta etapa difícil del pontificado".

No se sabe cómo el papa Francisco y Gänswein se relacionan entre ellos, sin embargo, Galeazzi escribe que a Gänswein "le agrada mucho este pontífice, el cual es tan diferente al 'de él' ".

La existencia de esta relación triangular entre el papa Francisco, Gänswein y el papa emérito Benedicto significa que hay continuidad entre los dos pontificados. Mientras que el papa Francisco comienza a confrontarse con cuestiones de importancia, como el escándalo Vatileaks (la publicación por Internet de documentos privados del Papa), el regreso a la comunión con Roma de Lefebvrists, la reforma de la curia y el banco del Vaticano, tendrá a Gänswein cerca y Gänswein igualmente estará cerca del papa emérito Benedicto.

"Está realizando una tarea bastante difícil", un oficial del Vaticano le dijo a Galeazzi, refiriéndose a Gänswein. Gänswein "tiene el expediente de Vatileaks listo para entregárselo a Francisco", dijo el oficial, comentando sobre el reporte completado por tres cardenales quienes, a petición del (entonces) papa Benedicto, tomaron casi un año investigando las circunstancias del asunto Vatileaks: Julian Herranz, Jozef Tomko, y Savatore De Giorgi.

Tras el desarrollo de los primeros días del nuevo pontificado, y con el papa Francisco todavía viviendo en el Domus Santa Marta, también se acercó a Don Battista Ricca, el director del Domus, quien se dice acompañar al papa Francisco en muchas de sus comidas. Adicionalmente, el "segundo secretario" del entonces papa Benedicto, un monseñor de Malta, Alfred Xuereb, de cincuenta y cuatro años de edad, ha surgido por el momento como el secretario personal del papa Francisco.

CAPÍTULO 14

....

Misa de Domingo de Ramos

24 DE MARZO

"Prepárense bien, sobre todo espiritualmente en vuestras comunidades, para que este encuentro sea un signo de fe para el mundo entero".

—*papa Francisco, Domingo de Ramos, 24 de marzo, 2013*
en la Plaza de San Pedro en su homilía hacia los jóvenes
preparándose para la Jornada Mundial de la Juventud

El rey único: alegría, cruz y juventud

Once días después de su elección, el papa Francisco celebró la primera Misa de Ramos de su pontificado con gozo.

Aprovechó esta ocasión para enfatizar en su homilía el contraste que se encuentra entre la alegría de la entrada de Jesús a Jerusalén —"alabanza, bendición, paz: se respira un clima de alegría"— y el sufrimiento que le espera a Jesús en tan solo unos días —"Jesús entra en Jerusalén para morir en la Cruz"—. En varias otras ocasiones durante los primeros días de su pontificado, también se habló del diablo, diciendo: "No debemos creer al Maligno, que nos dice: No puedes hacer nada contra la violencia, la corrupción, la injusticia, contra tus pecados. ¡Jamás debemos acostumbrarnos al mal! Con Cristo, podemos transformarnos y el mundo".

Sus referencias al diablo, al Maligno, como una realidad (es decir como actor, agente, así sucesivamente y evidentemente, un ser personal) en nuestro mundo han sorprendido a muchos a través del espectro de pensamiento católico y secular.

Nos llevará tiempo realmente entender las enseñanzas del Papa sobre este tema, pero podemos intentar analizarlo. Obviamente, Francisco nos dice que hay algo o alguien "allá afuera" que engaña, hiere, a quien se tiene que pelear. Existe una real batalla; no todo y no todos son buenos; se necesita tomar decisiones, algunas difíciles, para superar "violencia, corrupción, injusticia" y, no menos importante, superar "tus pecados".

En este sentido, la esencia de la predicación del Papa es del regreso a la realidad, a un "realismo cristiano". Desea que dejemos de pensar en castillos en el aire, evitando las batallas difíciles por justicia social en el mundo, así como las de igual importancia, las de la santidad personal.

Las acciones de Francisco nos han demostrado que él desea vivir simplemente, humildemente, con los pobres. En sus enseñanzas nos ha demostrado que se tiene que trabajar, batallar y comprometerse, primero con Cristo, y después con nuestros hermanos y hermanas, de esta manera y con gran realismo llegando a "encarnar" nuestra fe.

Fue de esta manera que presentó el tema de la Jornada Mundial de Juventud, la cual está prevista para el mes de julio (2013) en Rio de Janeiro. Confirmó que (si Dios quiere) viajará a Brasil y le pidió a la juventud que se "prepare", diciéndoles: "Prepárense bien, sobre todo espiritualmente en vuestras comunidades, para que este encuentro sea un signo de fe para el mundo entero". "Prepárense bien" significa tomar en serio el viaje, obteniendo lo que uno necesita, pero en este caso, los preparativos son de la fe. Podemos imaginar que pronto vendrán recomendaciones mas específicas.

Después de celebrar la misa, el papa Francisco se dirigió con el papamóvil en medio la plaza de San Pedro. Paró varias veces para bendecir y besar a bebés y niños. En una ocasión, el papa salió del automóvil para saludar a un grupo de personas. También les dio la bendición a peregrinos con discapacidades físicas.

En este momento parecía compartir la alegría que Jesús quizás sintió cuando entró a Jerusalén.

Para el nuevo Papa, fue un día de felicidad y paz, lleno de la alabanza y el amor de miles bajo un cielo azul sereno.

¿Viajará Francisco a Jerusalén?

"He invitado al papa Francisco a Tierra Santa". —*Fouad Twal, patriarca latino de Jerusalén, hablando el 22 de marzo al servicio de noticias* Aid to the Church

El patriarca latino de Jerusalén, Fouad Twal, ha invitado al papa Francisco a Tierra Santa, reportó Oliver Maksan, del servicio de noticias ACN en Jerusalén.

Por su parte, habló sobre cómo conoce al nuevo Papa:

Conocí al papa Francisco cuando todavía era el cardenal arzobispo de Buenos Aires. Esto fue durante mi visita a la diáspora palestina en Argentina hace dos años.

El cardenal Bergoglio, como se conocía en ese entonces, estaba informado sobre la condición de palestinos en Argentina y en otros países latinoamericanos.

Di un discurso en su presencia en el cual pedí justicia y paz en la zona del medio oriente y por un mutuo respeto y tolerancia entre los diferentes grupos en esa área. El cardenal Bergoglio expresó que estaba de acuerdo.

Pero independientemente de esto, estoy seguro de que a él encantará la Tierra Santa, así como les ha encantado a todos los papas, y estoy seguro de que se preocupará por nuestra situación.

Twal siguió comentando que esta esperanza estaba justificada, entendiendo que el Santo Padre tiene una reputación como el papa de los pobres: "Aquí, en el medio oriente, especialmente en Siria, hay una multitud de personas viviendo en pobreza y sufrimiento".

Además del patriarca latino, tanto el presidente de Israel, Shimon Peres, como el presidente de la Autoridad Nacional Palestina Autónoma, Mahmoud Abbas, han invitado al Santo Padre a visitar la Tierra Santa. Peres mencionó que el nuevo Papa es un invitado bienvenido que puede presentar paz a esta zona tan turbulenta. Abbas invitó al Papa a visitar el lugar de nacimiento de Cristo en Belén. En su carta de felicitación por su elección, expresó sus deseo de un compromiso por parte del papa Francisco a la causa de paz en Tierra Santa.

Mientras tanto, los medios de comunicación reportan que el papa Francisco tiene intenciones de visitar Jerusalén el próximo año junto al patriarca ecuménico Bartolomé I. Líderes de la Iglesia recordaron el encuentro histórico entre el

papa Pablo VI y el entonces patriarca ecuménico Atenágoras
en Tierra Santa hace cincuenta años. El Vaticano no ha confirmado esta información.

Rosa Margarita, la abuela "teóloga" de Francisco

Como acostumbra, el papa Francisco presentó algunas
palabras espontáneas durante su homilía del Domingo
de Ramos.

Después de haber leído las frases "cuántas heridas inflige
el mal a la humanidad" y "la sed de dinero", levantó la mirada y dijo: "Mi abuela nos decía a los niños: El sudario no
tiene bolsillos". Diciéndonos que el dinero, "no te lo puedes
llevar contigo" después de la muerte. Las posesiones materia-
les que uno ha acumulado durante el curso de su vida, no se
las podrán traer con ustedes en el último viaje.

Hasta en una misa papal mayor en la plaza de San Pedro,
el papa Francisco tomó el camino de la humildad, citando a
su propia abuela. Esto es fundamental para entender a nuestro nuevo Papa: recuerda sus raíces. Ha sido fiel a la fe que
se le dio desde niño. Y sigue enseñándonos esa fe, la fe de su
abuela, hasta hoy en su posición como suprema autoridad de
enseñanza en la Iglesia Católica.

Los católicos frecuentemente hablan del "sentimiento de
los fieles" —*sensus fidelium*— el sentido a la verdad que gente
ordinaria tiene y que teólogos refinados, en sus especulacio-
nes, suelen perder. Esta es una fe del corazón y no una fe de
la mente. Es una fe de lo simple y no una fe de lo complicado.
Es una fe que es firme y audaz, no de vacilar o de dudar.

Para Francisco, el uso de las palabras de su abuela como si
fueran de él mismo durante una homilía mayor es teológica-
mente significante. Afirma que la fe de la gente simple debe

ser considerada con importancia, la fe del humilde debe ser profundamente estimada y valorada. Francisco parece decirnos que uno no necesita un título universitario para realizar verdades importantes, creerlas y enseñarlas. Uno necesita simplemente ser un creyente común.

Es por medio de estos creyentes, él dice, que la fe es preservada y transmitida. No por medio de complejidades intelectuales, pero sino por la fidelidad y confianza de los creyentes ordinarios. Esto es el *sensus fidelium,* que preserva y hasta juzga la ortodoxia del teólogo.

El periodista del Vaticano Andrea Tornielli notó en un artículo justo después de la Misa de Ramos, que Francisco se refería a su abuela Rosa Margarita Vasallo, nacida en Val Bormida en el norte de Italia en 1881. Se casó con Giovanni Bergoglio, abuelo de Francisco, en Turín. Dió a luz al padre del Papa, Mario, en 1908.

En enero de 1929, la familia Bergoglio salió de Portacomaro, Italia y viajaron por barco a Buenos Aires donde se reunieron con otros familiares que ya habían emigrado hacia Argentina. A pesar de un clima caluroso y húmedo (en el hemisferio sur, el verano ocurre en enero), Rosa llevaba puesto un abrigo con un cuello de zorro, escribió Tornielli, y en el revestimiento llevaba los ingresos de la venta de las pertenencias familiares.

El pequeño Jorge, hoy día el Papa, creció pasando parte de sus días con sus abuelos, quienes le enseñaron algo del dialecto piamontés y de más importancia, sobre la fe cristiana.

En una entrevista de radio dada en noviembre de 2012 a la estación de radio de una parroquia en el barrio pobre Villa 21, en Barracas, Argentina, el Papa comentó: "Fue mi madre quien me enseñó cómo orar. Dejó en mí una profunda huella espiritual y me contaba historias sobre los santos".

En una entrevista de televisión con el canal EWTN hace un año, el cardenal Bergoglio recordaba: "Un día cuando estaba en el seminario, me dijo mi abuela: 'Nunca te olvides que estás a punto de hacerte sacerdote y el celebrar la misa es lo más importante para un sacerdote'. Me platicó de lo que le dijo una madre a su hijo, el cual era verdaderamente un santo como sacerdote: 'Celebra la misa, todas tus misas, como si fuera tu primera y tu última' ".

En el Libro *El Jesuita*, el cardenal Bergoglio dice que llevaba un escrito doblado dentro de su breviario, el libro de oraciones de dos volúmenes que siempre va con él. El escrito es un corto testamento que la abuela le dejó a sus nietos. Este dice: "Que mis nietos, a los que les he dado todo mi corazón, vivan una vida larga y feliz, pero si el dolor, la enfermedad o la pérdida de un ser querido los llena de tristeza, que recuerden que un respiro en el tabernáculo, donde el más grande y más augusto de los mártires está presente, y mirar hacia María al pié de la cruz, actuará como el bálsamo que puede sanar las más dolorosas y profundas heridas".

SEGUNDA PARTE

La vida que formó
al papa Francisco

CAPÍTULO 15

....

Vida familiar:
De Buenos Aires a Roma

Nacimiento y familia: 1936–1953

La familia forma el carácter y la familia del papa Francisco formó el suyo.

Jorge fue el primero de cinco niños. Tuvo cuatro hermanos menores: Oscar, Alberto, Marta, y María Elena. Hoy en día sólo María Elena vive.

Siendo el mayor, aprendió a tomarse responsabilidades, a ser decidido y a proteger a sus hermanos menores. María Elena, hablando con varios periódicos los días después de la elección de su hermano, comentó: "Jorge me enseñó a ser generosa y a sacrificarme para los demás". Continuó: "Fueron mi madre y mi padre quienes nos enseñaron el valor del amor entre los miembros de nuestra familia". Dijo que él era "muy protector conmigo porque era la menor".

Como parte de una familia extendida que incluía a sus abuelos, Jorge encontró su identidad dentro del tejido de relaciones que apoyaron profundamente esa identidad.

Sus abuelos, de parte de su padre, le enseñaron a hablar

italiano. Él mismo dijo que su *nonna* (abuela) le había enseñado cómo rezar. María Elena recuerda a su padre reuniendo
a la familia para rezar el rosario antes de la cena. En sus primeros días como pontífice, su hermano seguía citando públicamente a la "nonna" como fuente de sabiduría, como si las
palabras que ella le dijo cuando era niño hubieran quedado
grabadas en su corazón.

Jorge nació el 17 de diciembre de 1936, justo antes de la
Navidad. Su madre Regina y su padre Mario lo llamaron
Jorge.

Sus padres no eran de nacionalidad argentina, o española, sino italianos. Emigraron de la región de Piemonte, en
el norte de Italia, en 1929. Bergoglio, aun habiendo nacido
en América Latina, no es totalmente hispano sino un italiano criado en una cultura hispana. Por lo tanto, cuando
los cardenales lo eligieron como Papa, estaban tomando dos
decisiones simultáneas: elegir al "primer Papa de las Américas" y también "jugársela segura" eligiendo a alguien nacido
y criado en un contexto cultural italiano.

El padre de Bergoglio les hablaba a los hijos sobre el "viejo
país" diciéndoles "cómo era la vida" en Italia y los valores de
ahí. "Nos crió con amor hacia nuestra tierra natal", comentó
María Elena a los periodistas.

En familia se hablaba en español "con nosotros, él [su
padre] siempre hablaba en un perfecto castellano" dijo María
Elena, pero "por las noches", cuando sus padres se encontraban con tíos y tías "hablaban en italiano y, a menudo, en dialecto piamontés". Las conversaciones entre ellos eran muchas
veces sobre acontecimientos que pasaban en Italia, memorias
de la belleza de su país, que se quedaron como un "sueño
de por vida", y también sobre "lo que sufrieron durante la
primera guerra mundial".

Se lamentaban sobre el fascismo italiano, decía María Elena. "Recuerdo a mi padre repetir con frecuencia que la llegada del fascismo fue el motivo por el que se fueron de Italia". Esta oposición al fascismo fue importante ya que también eso marcó la personalidad de Jorge profundamente. Su hermana dijo que esta era la razón por la que su hermano no podría nunca haber sido un partidario del régimen militar de derecha en la Argentina de los años setenta. "Mi padre se escapó de Italia a causa del fascismo", ella comentó. "¿Crees que hubiera sido posible que mi hermano fuera cómplice de una dictadura militar? Hubiera sido una traición a la memoria de nuestro padre". Durante los años setenta, continuó María Elena, Jorge "protegió y ayudó a muchísima gente perseguida por la dictadura. Fueron tiempos oscuros y la precaución era importante, pero su compromiso a las víctimas está comprobado".

La hermana dijo al periódico *La Stampa* en 2001 que, cuando el papa Juan Pablo II nombró a Bergoglio cardenal, ella viajó a Italia con él. "Fuimos a Turín y luego a Portacomaro, el pueblo que dejó mi padre" dijo. "Es un lugar hermoso; paseamos por los cerros cercanos, luego fuimos a la casa donde nació mi padre, el jardín donde jugó de niño y las bodegas donde mi tío preparaba vino: fue algo indescriptible, una emoción que no se puede comunicar con palabras".

La familia Bergoglio no era una familia rica, pero tampoco fue una familia muy pobre. Mario trabajó en los ferrocarriles argentinos y también, según un informe de Reuters del 27 de marzo, como contador para una fábrica de medias. Regina fue ama de casa, dedicando su vida a sus cinco hijos.

"Mantenían una existencia modesta, siendo tan ahorrativos que prendas nuevas se consideraban peligrosamente espléndidas, nunca se fueron de vacaciones y nunca fueron dueños de un automóvil", escribe Mary O'Regan en el *Catholic Herald* el 22 de marzo, contando la vida de joven del papa. "No eran pobres, pero sí eran italianos modestos de clase obrera-alta que se consideraban muy afortunados de tener casa en Flores, una zona popular de Buenos Aires. Muchos de los compañeros de trabajo de Mario vivían en barrios pobres".

Regina y Mario enseñaron a sus hijos a acabar todo el plato en las comidas, no estaba permitido desperdiciar comida buena. Regina era una excelente cocinera y le enseñó a cocinar a Jorge. Sabemos que al nuevo Papa también le gusta cocinar.

De los años treinta a los cuarenta, el joven Jorge se sentaba los sábados junto a su madre para escuchar la ópera en la radio. Luego recordaba: "Era la cosa más linda".

La visión fundamental de la familia se formó por su fe, la cual llevaba con ella una ronda completa de devociones católicas ordinarias en esos años: misa dominical —en latín—, himnos a María en el mes de mayo, la alegría de la Navidad, la solemnidad de la Semana Santa. Jorge aprendió los valores cristianos: la humildad, la honestidad, la integridad y la compasión. Y aprendió la fe también gracias a unas monjas católicas tradicionales, que vestían con hábitos tradicionales. Su primera maestra fue la hermana Rosa. Ella lo ayudó a formar su mente y corazón. El cardenal Bergoglio fue a visitarla con frecuencia hasta el día de su muerte, el año pasado, con 101 años de edad.

En el periodo de la escuela, Jorge estaba siempre lleno de energía. "Mucho antes de que fuera nombrado papa, Jorge Bergoglio era un 'diablito' que saltaba por todas las escaleras de esta escuela de Buenos Aires que tiene más de cien años", le decía la madre superiora de la escuela a la agencia France-Press. "El cardenal memorizaba las tablas de multiplicación en voz alta mientras saltaba sobre los escalones de la escalera en la escuela de la Misericordia, donde celebró su primera comunión a los nueve años", recordaba la hermana Martha Rabino. Su casa estaba solo a dos cuadras de la iglesia parroquial de la escuela. "La familia venía a misa cada domingo. Su madre era muy católica y piadosa. [Jorge] aprendió mucho de ella", dijo Martha Rabino, de setenta y un años de edad.

Su maestra de catecismo, la hermana Dolores, también tuvo mucha importancia en su formación. "Era una monja a la que él quería mucho", comentó la hermana Martha. "Fue su catequista cuando tenía ocho años y él nunca se olvidó de ella. La vino a visitar hasta el día de su muerte y, cuando falleció, él pasó la noche llorando".

Jorge se ordenó en la Basílica de San José de Flores, donde a menudo encabezaba la procesión al comenzar la Semana Santa.

Pensaba retirarse en la vejez en el barrio de su niñez. Le dijo a la hermana Martha: "Pasaré mis últimos días aquí". Esto no parece ser muy probable hoy.

Bergoglio escribió largas cartas, con letra pequeña, a la hermana Martha y ella comentó que siempre pedía: "recen por mí".

A Jorge le encantaba leer pero este amor por la literatura tuvo que ceder el paso a su interés por la química, tema en el que completó su título de maestría.

Cuando era jovencito tenía muchos amigos y tuvo también a una novia. Él mismo contó a Francesca Ambrogetti y a Sergio Rubín, autores de su biografía publicada en 2010, que su ex novia "era del grupo de amigos con los que salía a bailar. Pero esto fue antes de que descubriera mi vocación religiosa".

Esta chica, Amalia Damonte, que sigue viviendo en el

barrio de Flores, dijo que el futuro papa le escribió una carta de amor cuando tenían doce años. "Me dijo, 'si no te casas conmigo, me haré sacerdote' ", dijo Amalia Damonte. Los padres de la chica la obligaron a cortar la relación, no querían que recibiera este tipo de atenciones por parte de un chico. "¡Que suerte que no se casó conmigo, ahora está ahí, como Papa!" dijo Damonte al periódico *La Nación* de Buenos Aires.

La hermana del Papa comentó: "Siempre jugó al fútbol con sus amigos y cuando creció se apasionó por el tango". Bergoglio siempre ha hinchado por el equipo de fútbol de San Lorenzo de Almagro. Su número de membrecía del club es 88.235. El 24 de mayo de 2011, el cardenal celebró el día de María Auxiliadora en la capilla al lado del estadio de San Lorenzo. "Me alegra celebrar misa y poder mirar, por las ventanas de la capilla, el estadio de San Lorenzo", dijo. Los delegados del equipo de fútbol hicieron una declaración expresando orgullo y felicidad por el nombramiento del cardenal Bergoglio.

Como antiguo compañero de clase del nuevo Papa, Nestor Carabajo le dijo al periódico argentino *Clarín* que Jorge era "militarmente religioso" a eso de los catorce años de edad, pero que los dos también practicaban fútbol y pateaban el balón.

Es así como Jorge Bergoglio, en su corazón, y por sus raíces, es un *porteño* —un término del argot describiendo aquellos que son nativos de Buenos Aires—. Tuvo una familia que lo amaba y apoyaba, se crió con una amplia red de relaciones familiares, con hermanitos y hermanitas, con tíos platicando con sus padres por las noches. Todo esto le dio un sentido de comunión que se da por medio de experiencias compartidas.

Él tenía fuertes y profundas raíces en su familia, su parroquia, en su comunidad, su cultura y en la fe.

Su casa, la cual se encuentra en la calle Membrillar 531 —una calle bordeada de árboles y de casas grandes de clase media— está convirtiéndose en un sitio de peregrinación. "He visto aquí su trabajo con los pobres por más de una década", mencionó Michaela Döbler, residente de sesenta y nueve años de edad, a periodistas. "Es un hombre divino quien ha dedicado muchísimo tiempo a los pobres".

El trayecto desde la casa de la familia Bergoglio hasta uno de los barrios más pobres de Argentina, las *villas de emergencia*, se hace en menos de treinta y cinco minutos por automóvil. Las calles están llenas de charcos, basura y carros abandonados. El grafiti en las paredes incluye eslóganes de fútbol, marcas territoriales de pandillas, y también "Jesús" y "Revolución".

Pero mientras fue arzobispo de Buenos Aires, Bergoglio hizo doble el número de sacerdotes en barrios pobres. Uno de estos, Gustavo Carrara, el cual fue ordenado por Bergoglio, dijo que los paisanos estaban contentísimos de que Bergoglio hubiera sido elegido como papa. "Él entiende los problemas que tenemos aquí... Durante su carrera él siempre ha estado cerca a los pobres", dijo Carrara.

Aquellos que lo conocen dicen que es probable que el papa Francisco reforme el Vaticano. Domingo Bresci, un sacerdote que estudió con Bergoglio en los años cincuenta y quien luego trabajó con él en Flores dijo que el nuevo Papa no es una persona de medidas a medias. "Lenta y estratégicamente introducirá cambios mientras él acumula poder y otros se debilitan", comento Bresci al periódico británico *The Guardian* en un reporte del 16 de marzo. "Hasta ahora ningún papa ha podido hacer eso. Él va a ser estricto con las finanzas. No habrá tolerancia alguna a casos de abuso sexual y enlaces homosexuales por sacerdotes. Este es su estilo, viene de Flores".

Sin embargo, la humildad de este hombre siempre está presente. Su hermana recordó cómo en 2005, después de recibir votos en el cónclave papal sin haber sido elegido, ella y su ahora fallecida hermana Marta, bromeaban con su hermano. "Te pudiste descolgar", le dijo Marta. "Sí", respondió Bergoglio. "Gracias a Dios". Esta vez, antes de irse, Bergoglio llamó a María Elena para una breve despedida. "Reza por mí", le dijo. "Te veré cuando regrese".

Vocación, estudios, y ordenación: 1953–1969

Cuando Jorge Bergoglio terminó sus estudios de química a los diecinueve años, su madre le preguntó qué iba a estudiar ahora. "Medicina", le respondió, de acuerdo a María Elena en un informe de Reuters del 27 de marzo.

La madre de Bergoglio vació un trastero en la casa de la familia para que él lo usara como estudio. Día tras día, después de trabajar en un laboratorio, él desaparecía en ese cuarto. Una mañana en particular su madre no encontró libros de anatomía o medicina sino libros de teología y catolicismo. Preocupada por este cambio, ella le preguntó: "¿Qué es esto?". Bergoglio le respondió con calma: "Es medicina para el alma". Había decidido estudiar para el sacerdocio.

"No sé qué pasó", comentó Francisco a una estación de radio argentina el año pasado. "Pero sabía que tenía que hacerme sacerdote". Y poco después decidió hacerse jesuita.

Pero antes de esto tuvo que pasar por una seria infección que derivó en la remoción quirúrgica del pulmón afectado.

De acuerdo a un informe en *El Jesuita*, Bergoglio se molestaba por las garantías de la gente que lo trataba de animar.

En vez de esto, encontró consuelo en la declaración de una monja, que le dijo que él podría "imitar a Jesús" por medio de su sufrimiento. "El dolor no es virtud en sí mismo", Bergoglio le dijo a sus biógrafos, "pero la forma en que uno lo maneja sí puede ser".

Entró en la Sociedad de Jesús como un hombre de veintiún años, una edad que en aquellos tiempos se consideraba un poco vieja para comenzar la vocación.

Estudio Artes Liberales en Santiago de Chile en 1960 y obtuvo una licenciatura en Filosofía de la Universidad Católica de Buenos Aires. Entre los años 1964 y 1965 fue maestro de Literatura y Psicología en la escuela secundaria Inmaculada de la provincia de Santa Fe, y en 1966 fue profesor de estas materias en el prestigioso Colegio del Salvador en Buenos Aires.

En 1967 regresó a sus estudios teológicos, y fue ordenado el 13 de diciembre de 1969, unos días antes de cumplir treinta y tres años de edad.

Como primer papa jesuita, el papa Francisco puede discernir la voluntad de Dios y revelar el Evangelio de una manera nueva, dijo un colega jesuita, el arzobispo Terrence Prendergast de Ottawa Canadá. "De una forma, él representa lo mejor de nuestras tradiciones", dijo Prendergast en una entrevista con Deborah Gyapong del Canadian Catholic News el 21 de marzo.

Las disciplinas espirituales del fundador de la Sociedad de Jesús, San Ignacio de Loyola, ayudan a uno a determinar "a qué me llama Dios en esta circunstancia en particular y en este tiempo en particular", mencionó el arzobispo Prendergast. "Como sociedad, necesitamos dejar entrar al Espíritu Santo para guiarnos de una manera que es única a cada uno de nosotros. Aunque Ignacio quizás no usaría estos términos", dijo el arzobispo, "la forma en la que Dios me habla es única para mí, tan distinta como mis huellas digitales, mi ADN y el iris de mis ojos".

Entre las disciplinas de espiritualidad de San Ignacio se encuentra el examen de consciencia dos veces al día, para darse una idea o sentido de las faltas y fallas de uno y para "reconocer dónde ha estado presente el Señor, dónde lo he reconocido y dónde he fallado en reconocerlo a Él", comentó el arzobispo Prendergast. Hay exanimaciones particulares en donde uno trata de corregir una falta o de trabajar en desarrollar una virtud. "Alguien que tiene orgullo quizás pueda hacer cosas de humildad; alguien que se deja pisar por otros quizás pueda trabajar en hacerse más asertivo", dijo.

La meta de las disciplinas es "encontrar equilibrio y balance", dijo el arzobispo Prendergast. "Cuando estoy balanceado puedo ver el movimiento del espíritu y distinguir si viene de Dios o del enemigo de nuestra naturaleza, a quien Ignacio llamaría el diablo. Ignacio mismo trataba de encontrar a Dios en todas las cosas, de encontrar a Dios en el presente y responder".

Prendergast dijo que es natural para los jesuitas preocuparse por las dificultades de los pobres. "Las desigualdades sociales tenían que tratarse" en Sudamérica y "los jesuitas fueron para usar su intelecto y pasión por los pobres para unir esa pasión junto al Evangelio".

El enfoque que el entonces padre Jorge Bergoglio hubiera tomado es el "de siempre mantener el amor del pobre junto al Evangelio", y no de gravitar hacia el marxismo, "el cual establece guerra entre las clases y división, cosas que no llama el Evangelio", dijo Prendergast.

El que Bergoglio usara el transporte público de Buenos Aires y que viviera en un apartamento humilde, pudieron ser decisiones hechas con influencia de su espiritualidad jesuita, dijo el arzobispo. Uno toma decisiones y continúa viviendo acorde a ellas o uno quizás pueda examinarlas después y preguntar "¿me ha ayudado a crecer mi arreglo de vivienda?".

El jesuita y el sacerdote: 1969-1992

El padre Bergoglio completó la etapa final de su formación espiritual jesuita, la tercera probación, en Alcalá de Henares, España, y tomó sus votos perpetuos en la Sociedad de Jesús el 22 de abril de 1973. Impresionando a sus superiores con su trabajo como maestro de novicios del seminario de Villa Barilari en San Miguel, Bergoglio tenía solo treinta y siete años de edad cuando fue elegido como superior de la provincia Jesuita de Argentina. Fue nombrado como superior provincial de la sociedad en Argentina en el 31 de julio de 1973 y sirvió hasta 1979.

De acuerdo al arzobispo mayor ucraniano católico, Sviatoslav Shevchuk, antes de hacerse obispo, Bergoglio fue aconsejado por el sacerdote salesiano ucraniano greco-católico, Stefan Czmil. Esto sugiere que el nuevo papa lleva una sensibilidad especial hacia las tradiciones litúrgicas orientales, algo que es de gran importancia en las discusiones ecuménicas entre los católicos y las Iglesias Ortodoxas.

Bastante controversia ha surgido sobre la conducta de Bergoglio durante la dictadura militar de Argentina entre los años 1976-1983, la cual brutalmente reprimió a adversarios políticos. Se estima que el número de personas asesinadas o desaparecidas durante estos años varía entre 13.000 y más de 30.000.

Citando un caso en el cual dos jóvenes sacerdotes fueron detenidos por el régimen militar, críticos de Bergoglio alegan que, siendo el jesuita de más alto nivel en el país, no hizo lo suficiente para apoyar a empleados de la Iglesia contra la dictadura. Sin embargo hay otros que dicen que entre bastidores intentó negociar la liberación de los sacerdotes. Un portavoz para el entonces cardenal Bergoglio, fue citado en el diario *La Nación* diciendo que las acusaciones eran "viejas calumnias".

"Estoy convencido de que fue una 'muy grave calumnia' ", escribió la respetada periodista católica de Britania, Margaret Hebblethwaite, esposa del difunto escritor británico Peter Hebblethwaite, en el periódico *The Guardian* el 14 de marzo. "Desde 1973 hasta 1979, como Provincial Jesuita, Bergoglio tuvo una confrontación con un par de sacerdotes, Orlando Yorio y Francisco Jalics, los cuales vivían en un barrio pobre y quienes estaban llevando a cabo campañas muy peligrosas en contra de la dictadura militar. Se sintieron traicionados por Bergoglio porque, en vez de aprobar de su trabajo y en vez de protegerlos, les exigió que se fueran del barrio".

Cuando se negaron, tuvieron que dejar la Orden Jesuita. Cuando después los 'desaparecieron' y torturaron, les pareció a muchos que Bergoglio había ladeado con la represión. Fue el tipo de situación compleja y abierta a interpretaciones múltiples, pero es mucho más probable que Bergoglio intentara salvar sus vidas".

Bergoglio describió sus esfuerzos en tratar de esconder o ayudar a algunos de los perseguidos a huir. Incluso, uno de ellos que se parecía a él, pudo cruzar la frontera norte, vestido de sacerdote y con la tarjeta de identificación de Bergoglio.

Lo que es cierto es que durante la "guerra sucia" él exigió absoluta obediencia y neutralidad política de sus sacerdotes, algo que muchos resintieron. La Orden Jesuita se debilitaba debido a conflictos internos ya que a muchos de los sacerdotes les atraía la mezcla de marxismo y teología de la liberación de la guerra y se rebelaron ante la tendencia tradicional de una vocación sacerdotal.

Los seis años en los cuales el padre Bergoglio fue el líder de la comunidad jesuita fueron tiempos difíciles y de tensión, resultando en su regreso al seminario de San Miguel como párroco en 1980. Su transición de superior provincial a párroco fue una demolición impuesta por sí mismo y permaneció en este cargo hasta 1986. Es aquí donde puso en práctica su talento culinario, cocinando para los estudiantes. Cuando lo alababan como buen chef, respondía: "Bueno, por lo menos nadie ha muerto por mis platillos".

Un importante despertar en su vida espiritual sucedió en 1985 cuando asistió a un Rosario dirigido por el papa Juan Pablo II. Lo describió en sus propias palabras:

> Me distraje durante la oración mirando hacia la figura del Papa: su piedad, su devoción como testigo... y el tiempo se iba a la deriva, y empecé a imaginar a un joven sacerdote, el seminarista, el poeta, el trabajador, el niño de Wadowice... arrodillado de la misma manera que lo hacía hoy, rezando Ave María tras Ave María. Su testigo me impactó... Sentía que este hombre, seleccionado a encabezar la Iglesia, se encaminaba hacia su Madre en el cielo, un camino señalado desde su niñez. Y me di cuenta en la magnitud de las palabras que la Madre de Guadalupe le dijo a San Juan Diego: "No tengas miedo, ¿que no soy yo tu madre?". Entendí en ese momento la presencia de María en la vida del Papa.

También durante los ochenta, Bergoglio estuvo por varios meses en la Escuela de Posgrado de Filosofía y Teología Sankt Georgen en Frankfurt, Alemania, mientras consideraba posibles temas para su tesis. Después de esto regresó a Argentina como confesor y director espiritual de la comunidad jesuita en Córdoba.

El obispo y la profundización de una visión global: 1992–2001

Cuando muchos pensaron que el sacerdote alto, delgado e intelectual terminaría sus últimos días enseñando, escribiendo y pasando varias horas en el confesional, el cardenal Antonio Quarracino llamó al padre Bergoglio en Buenos Aires en 1990.

En mayo de 1992, fue nombrado como uno de tres obispos auxiliares de Buenos Aires. Mantuvo una presencia discreta pasando la gran parte de su tiempo supervisando la universidad católica, aconsejando a sacerdotes, predicando y dando audiencia a confesiones. El 3 de junio de 1997, Bergoglio fue nombrado arzobispo coadjutor y fue instalado como el nuevo Papa Arzobispo de Buenos Aires el 28 de febrero de 1998.

Se convirtió en un fuerte oponente al aborto, al divorcio y a la eutanasia. "Una mujer embarazada no carga en su vientre a un cepillo de dientes o un tumor", dijo. "La ciencia nos ha demostrado que el código genético completo está presente desde el momento de concepción. Y por esto no es una cuestión religiosa, sino una de moralidad basada en la ciencia, ya que estamos en la presencia de un ser humano". Igual añadió que las mujeres que terminan sus embarazos sufren de "dramas gigantes" de consciencia. También defendió la negación de la Comunión a divorciados.

Durante su tiempo como arzobispo de su ciudad natal, su humildad e identificación con el pueblo fueron evidentes durante sus viajes a las partes más pobres de Buenos Aires para la celebración de misa. Bergoglio erigió varias parroquias nuevas, reestructuró las oficinas administrativas, se encargó personalmente del seminario, y fundó nuevos proyectos pastorales como la comisión para personas divorciadas. También actuó como procurador en casi todo conflicto político y social de la ciudad. Los sacerdotes ordenados en Argentina después de 1998 son a veces llamados los de "la generación de Bergoglio".

También hizo algo simple pero a la vez revolucionario: estableció una línea telefónica directa, exclusivamente para sacerdotes y se les promovía el usarla ya fuera noche o día.

Pasó sus días viajando por la diócesis para poder acompañar a los pobres, ayudar en comedores públicos, y poder visitar a víctimas de SIDA. Llevaba un calendario agotador, y uno de sus pocos lujos era tomar refugio en un buen libro.

Los niños pobres, los mismos que en su juventud fueron compañeros, se mantenían en sus pensamientos, determinado a usar su prominencia como obispo para mejorar las vidas de los pobres en lugar de codearse con la elite argentina. Así que andaba por autobús, visitaba a los pobres, vivía en un humilde apartamento y preparaba sus propias comidas. Para muchos en Buenos Aires, se lo conocía simplemente como el padre Jorge.

El cardenal y la Iglesia global: 2001–2013

En 2001, Bergoglio fue nombrado cardenal por el papa Juan Pablo II, instantáneamente colocándolo en el escenario global.

Cuando murió el papa Juan Pablo II en 2005, Bergoglio asistió al cónclave para elegir a su sucesor y fue casi nombrado en el proceso. Un artículo publicado en septiembre de 2005 por *Limes,* una revista de temas geopolíticos italiana, reconstruyó los detalles de lo que se llevó a cabo. En cada una de cuatro votaciones, el prelado que recibió el segundo más alto número de votos fue el cardenal Jorge Mario Bergoglio. *Limes* dijo que obtuvo su información por medio del diario de un cardenal anónimo quien reconocía que estaba violando su juramento de confidencialidad, pero al cabo él sentía que el cónclave debería ser parte del registro histórico.

El cardenal mencionó que en la primera votación, el cardenal Ratzinger recibió cuarenta y siete votos. El otro cardenal que recibió más de un voto fue el cardenal Bergoglio con diez; el cardenal retirado italiano Carlo María Martini de Milán, con nueve; el cardenal italiano Camillo Ruini, vicario papal de Roma, con seis; el cardenal Angelo Sodano, secretario de estado del Vaticano, con cuatro; el cardenal hondureño Oscar Rodríguez Maradiaga de Tegucigalpa con tres; y el cardenal italiano Dionigi Tettamanzi de Milán, con dos.

"La verdadera sorpresa que surgió después de la primera votación" fue el apoyo al cardenal Bergoglio, dijo la revista.

El escritor del diario dijo que el argentino fue apoyado por los cardenales "Karl Lehmann, presidente de la conferencia episcopal alemana, y Godfried Danneels, arzobispo de Bruselas, el cual encabezó una escuadra significante de cardenales estadounidenses y latinoamericanos", además de varios funcionarios del Vaticano.

Este diarista mencionó que hasta antes de salir de la Capilla Sixtina para el almuerzo "surgieron los primeros comentarios y contactos. Se encontraba preocupación entre los cardenales que esperaban la elección del cardenal Ratzinger".

Durante la cuarta, y última votación, la cual comenzó a las 4:30 p.m., el cardenal Ratzinger recibió ochenta y cuatro votos, siete más de los necesarios. El cardenal Bergoglio obtuvo veintiséis votos, el diarista dijo.

La revista *Limes* menciona que no se sabe por qué varios de los seguidores del cardenal Bergoglio cambiaron su voto. "Es posible que simplemente pensaron inoportuno tener la esperanza de una demora prolongada, arriesgando una seria división sin tener una alternativa real y convincente al [cardenal] Ratzinger", opino la revista.

Así Bergoglio no fue elegido, y regresó a Buenos Aires.

En 2006, Bergoglio criticó una propuesta argentina que legalizaría el aborto bajo ciertas circunstancias como parte de una reforma legal. Acusó al gobierno de la falta de respeto a los valores inculcados en la mayoría de argentinos y de tratar de convencer a la Iglesia Católica de que "vacile en su defensa de la dignidad personal".

Durante el año 2010, en el cual Argentina consideraba legislación que la haría la primera nación latinoamericana que permitiría el matrimonio de parejas del mismo sexo, el cardenal Bergoglio les encargó a sacerdotes en todo el país que impulsen a católicos a protestar esta legislación porque podría "seriamente dañar a la familia". El 22 de junio de 2010, el cardenal Bergoglio escribió una carta a las carmelitas de su diócesis sobre la redefinición legal del matrimonio:

El pueblo argentino deberá afrontar, en las próximas semanas, una situación cuyo resultado puede herir gravemente a la familia. Se trata del proyecto de ley sobre matrimonio de personas del mismo sexo.

Aquí está en juego la identidad, y la supervivencia de la familia: papá, mamá e hijos. Está en juego la vida de tantos niños que serán discriminados de antemano privándolos de la maduración humana que Dios quiso se diera con un padre y una madre. Está en juego un rechazo frontal a la ley de Dios, grabada además en nuestros corazones.

Recuerdo una frase de Santa Teresita cuando habla de su enfermedad de infancia. Dice que la envidia del Demonio quiso cobrarse en su familia la entrada al Carmelo de su hermana mayor. Aquí también está la envidia del Demonio, por la que entró el pecado en el mundo, que arteramente pretende destruir la imagen de Dios: hombre y mujer que reciben el mandato de crecer, multiplicarse y dominar la tierra. No seamos ingenuos: no se trata de una simple lucha política; es la pretensión destructiva al plan de Dios. No se trata de un mero proyecto legislativo (éste es sólo el instrumento) sino de una "movida" del padre de la mentira que pretende confundir y engañar a los hijos de Dios.

Jesús nos dice que, para defendernos de este acusador mentiroso, nos enviará el Espíritu de Verdad. Hoy la Patria, ante esta situación, necesita de la asistencia especial del Espíritu Santo que ponga la luz de la Verdad en medio de las tinieblas del error; necesita de este Abogado que nos defienda del encantamiento de tantos sofismas con que se busca justificar este proyecto de ley, y que confunden y engañan incluso a personas de buena voluntad.

Por esto recurro a Ustedes y les pido oración y sacrificio, las dos armas invencibles que confesaba tener Santa Teresita. Clamen al Señor para que envíe su Espíritu a los Senadores que han de dar su

voto. Que no lo hagan movidos por el error o por
situaciones de coyuntura sino según lo que la ley
natural y la ley de Dios les señala. Pidan por ellos,
por sus familias; que el Señor los visite, los fortalezca
y consuele. Pidan para que ellos hagan un gran bien
a la Patria.

El papa Francisco

El papel que Francisco —quien hoy tiene autoridad completa en la Iglesia, aun sobre el papa emérito Benedicto— le asignará a su predecesor viviente será la primera gran decisión de su pontificio. Los cardenales que lo eligieron esperan que él intervenga inmediata y decisivamente para restaurar el orden en la curia. La segunda decisión de importancia es el seleccionar a un nuevo secretario de estado. La tercera decisión del papa Francisco será escoger los medios por los cuales se revivirá la fe cristiana en donde se encuentra casi exterminada y que germine en donde todavía no ha llegado.

Francisco es el primer papa que fue ordenado como sacerdote después del Concilio Vaticano Segundo (1962–1965). Es muy probable que el papa Benedicto XVI sea el último papa que fue sacerdote durante la época preconciliar y que tuvo alguna relación con el concilio.

Durante su primera aparición en el balcón de la Basílica de San Pedro, el recién elegido Jorge Mario Bergoglio quiso que dos cardenales estuvieran con él: a su derecha estuvo el vicario de la diócesis de Roma, Agostino Vallini, y a su izquierda su amigo franciscano, el brasileño Claudio Hummes. El nuevo Papa aspira ser el obispo de Roma, andando de iglesia en iglesia, del centro a los alrededores, "para la evangelización de esta ciudad tan bella", como dijo en su primer discurso el 13 de marzo. Desea estar en continuo y directo contacto con toda persona en su diócesis, la cual él considera su "novia".

Palabras inspiradoras

Como se reportó en el periódico *La Nación* de Buenos Aires el 21 de marzo, Jorge Bergoglio, durante su tiempo como arzobispo, mantenía una colección de libros a lado de su cama que podrán dar indicios de sus preferencias. Claro, no serán todo lo que lee el Papa, pero sí son libros que él recomienda a personas que están bajo su guía espiritual.

El libro que quizás le guste más al Papa es *El Señor* por el famoso teólogo e historiador Romano Guardini.

Otro de sus autores favoritos es Dolores Aleixandre, la hermana española del Sagrado Corazón de Jesús, teóloga en la Universidad de Comillas. Los títulos de sus libros, frecuentemente mencionados por el Papa, son *Bautizados con fuego* y *Contar a Jesús*.

El cardenal François-Xavier Nguyen Van Thuan, que estuvo trece años en la cárcel a causa del régimen vietnamita y como el Papa es un ferviente entusiasta de Santa Teresa de Lisieux, es otro de sus autores favoritos.

El famoso cardenal Carlo María Martini (1927–2012), jesuita como Francisco, aparece en las notas bibliográficas de los libros *Las cosas nuestras de cada día* (*Words to Live By*) y *Effatá*, dedicados a la comunicación social.

Otro autor favorito es Henri Nouwen, sacerdote holandés y capellán de la comunidad l'Arche Al Amanecer, autor de muchos libros, incluyendo *El regreso del hijo pródigo*.

Caminos a la esperanza es un libro de autosuficiencia que

recomienda el nuevo Papa. Su autor es Anselm Grun, bene-dictino, experto en finanzas y administración de empresas.

Está mencionado también José Luis Martín Descalzo, sa-cerdote español que falleció en 1991, por su libro *Testamento del pájaro solitario.*

Ethel Mannin, anarquista-pacifista británica y autora del libro *Late Have I Loved Thee,* que tuvo una relación con Bertrand Russell, uno de los maestros del ateísmo.

La película favorita del nuevo Papa es *El festín de Babette,* la historia de una mujer que gasta toda su herencia en un bello y extravagante festín (banquete) para sus vecinos.

HAN PASADO casi sesenta años desde que Bergoglio, que tenía en aquel momento diecisiete años, sintió la primera atracción hacia la vocación, una atracción que lo ha llevado al puesto más alto de la Iglesia. Su hermana María Elena dijo a los periodista después de la elección: "la preocupación que tengo sobre mi hermano es que no lo dejemos solo. Francisco le está pidiendo a la Iglesia que reanude su camino, pero noso-tros, los fieles, tenemos que caminar junto a él".

CAPÍTULO 16

....

Cinco de los guías espirituales
del papa Francisco

Al leer algunos de sus escritos, y estudiar algunas de sus conversaciones, podemos encontrar indicios de lo que es importante para el papa Francisco, lo que lo alimenta, lo que lo orienta. Pronto descubrimos que hay cinco "guías espirituales", cinco figuras que son importantes para entender su identidad y su destino como hombre, sacerdote, y ahora, Papa.

Jonás

> Y él respondió, y les dijo: La generación mala y adulterina demanda señal; mas señal no le será dada, sino la señal de Jonás profeta.
>
> Porque como estuvo Jonás en el vientre de la ballena tres días y tres noches, así estará el Hijo del hombre en el corazón de la tierra tres días y tres noches.
>
> Los hombres de Nínive se levantarán en el juicio con esta generación, y la condenarán; porque ellos se arrepintieron a la predicación de Jonás; y he aquí más que Jonás en este lugar. —*Mateo 12:39–41*

El primer de los guías espirituales del papa Francisco es el profeta hebreo Jonás. Aunque podría parecer raro ya que Jonás raramente se menciona entre los grandes guías espirituales de los cristianos modernos, Jonás ha sido una figura muy representativa de la espiritualidad del nuevo Papa. En una entrevista en noviembre de 2007 con Stefania Falasca del periódico *30 Giorni*, el entonces cardenal Jorge Bergoglio explicó su significado.

Bergoglio y Falasca estaban discutiendo por qué la proclamación de la Buena Noticia cristiana a menudo parece no tener un efecto pronunciado. Comentaron que la gente no está muy emocionada por escuchar al mensaje que predica la Iglesia generalmente.

Y porque el problema más grave de la Iglesia de hoy es la pérdida de fe, la pérdida del interés en la fe, el problema del nuevo Papa, en parte, es determinar cómo hacer atractiva de nuevo la Buena Noticia.

Mientras que conversaban, Bergoglio mencionó cómo sobrevivió la fe durante siglos en el Japón, aún sin sacerdotes. En ese país insular, "La fe había permanecido intacta por los dones de gracia que alegraban la vida de estos laicos que habían recibido solamente el bautismo y habían vivido también su misión apostólica en virtud del bautismo. No hay que tener miedo de depender sólo de su ternura... ¿Conoce el episodio bíblico del profeta Jonás?".

"No lo recuerdo", dijo Falasca. "Dígame".

"Jonás lo tenía todo claro", dijo Bergoglio. Tenía ideas claras sobre Dios, ideas muy claras sobre el bien y el mal. Sobre cómo actúa Dios y qué es lo que quiere en cada momento; sobre quiénes son fieles a la alianza y quiénes no. Tenía la receta para ser un buen profeta". En otras palabras, estaba diciendo Bergoglio, este "profeta", había empezado a entorpecer el mismo mensaje que debería proclamar, debido a su propio orgullo y sus propias presuposiciones.

Pero entonces, "Dios irrumpe en su vida como un torrente", dijo Bergoglio. "Lo envía a Nínive. Nínive es el símbolo de todos los separados, alejados y perdidos, de todas las periferias de la humanidad. Así que Jonás se encontró con una tarea muy parecida a la tarea con la que se encuentra un cristiano de hoy, la tarea de un papa de hoy. Estuvo llamado por Dios a predicar en un lugar en donde pocos, o ninguno, quisieran escucharlo. Jonás vio que se le confiaba la misión de recordar a toda aquella gente que los brazos de Dios estaban abiertos y esperando que volvieran para curarlos con su perdón y alimentarlos con su ternura. Sólo para esto lo había enviado. Dios lo mandaba a Nínive, y él se marchó en dirección contraria, a Tarsis".

"Huye frente a una misión difícil", dijo Falasca. Pero...

"No", dijo Bergoglio. "No huía tanto de Nínive, sino del amor desmesurado de Dios por esos hombres". Bergoglio cree que a esta interpretación superficial, que Jonás estaba evitando una tarea difícil, le falta algo; cree que Jonás se escandalizó por el amor que tenía Dios por la gente que no lo mereció. "Esto era lo que no cuadraba con sus planes", prosiguió Bergoglio. "Dios había venido una vez... 'de lo demás me ocupo yo': se dijo Jonás. Quería hacer las cosas a su manera, quería dirigirlo todo él. Su pertinacia lo hacía prisionero de sí mismo, de sus puntos de vista, de sus valoraciones y sus métodos. Había cercado su alma con el alambrado de esas certezas que, en vez de dar libertad con Dios y abrir horizontes de mayor servicio a los demás, terminan por ensordecer el corazón. ¡Cómo endurece el corazón la conciencia aislada! Jonás no sabía de la capacidad de Dios de conducir a su pueblo con su corazón de Padre".

Y Falasca comprendió: "Son muchos los que se pueden identificar con Jonás", dijo.

Y tenía razón. Muchos de nosotros preferimos que nuestras misiones, nuestras vidas cotidianas, sean totalmente "nuestras", bajo nuestro control. Pero Bergoglio percibió un peligro en esto.

"Nuestras certezas pueden convertirse en un muro, en una cárcel que aprisiona al Espíritu Santo", dijo. "Quien aísla su conciencia del camino del pueblo de Dios no conoce la alegría del Espíritu Santo que sostiene la esperanza. Es el riesgo que corre la conciencia aislada. De aquellos que desde el mundo cerrado de sus Tarsis se quejan de todo o, sintiendo su propia identidad amenazada, emprenden batallas para sentirse más ocupados y autorreferenciales".

Bergoglio está hablando del peligro de que los seres humanos, con sus nociones y perjuicios, pueden "extinguir" el Espíritu. Debemos permanecer listos a la guía del Espíritu, incluso —o, quizás, especialmente— cuando creemos que estamos haciendo todo bien.

"¿Qué habría que hacer?" preguntó Falasca.

Bergoglio estaba listo con una respuesta. "Posar nuestra mirada sobre la gente: para no ver lo que queremos ver, sino aquello que es", dijo. "Sin previsiones ni recetas, sino con apertura generosa. Dios habló por las heridas y la fragilidad. Permitamos que el Señor hable... De un modo en que no consigamos crear interés con las palabras que nosotros decimos, solamente su presencia que nos ama y nos salva puede interesar. El fervor apostólico se renueva siendo osados testigos del amor de Aquel que nos amó primero".

Entonces Falasca, que comprendió que Bergoglio estaba describiendo una situación en la cual el mensaje de la Iglesia —que no es un mensaje verbal sino el testimonio de una realidad personal y divina— estaba volviéndose amortiguado, y casi desplazado, le preguntó, "¿Qué es para usted lo peor que le puede pasar a la Iglesia?".

Bergoglio contestó: "Es lo que De Lubac llamaba 'mundanidad espiritual'. Es el mayor peligro para la Iglesia, para nosotros, que estamos en la Iglesia. 'Es peor', dice De Lubac, 'más desastrosa que la lepra que había desfigurado a la Esposa amada en la época de los papas libertinos'. La mundanidad espiritual es poner en el centro a uno mismo. Es lo que Jesús ve entre los fariseos: '...Vosotros, que aceptáis gloria unos de otros' ".

Con estas palabras poderosas, Bergoglio, ya en 2007, estaba dejando claro su diagnóstico de la dolencia que padecía la Iglesia. Estaba diciendo que hay una dolencia aún más devastadora que los pecados y la corrupción de los papas del Renacimiento, con sus amantes e hijos; peor que eso es un tipo de religiosidad que endurece el corazón en la autocomplacencia y hace imposible que actúe el Espíritu, porque los seres humanos ya han planificado todo.

María

Ya hemos discutido la devoción mariana del papa Francisco. Él invocó a María en todas sus homilías iniciales, y el primer acto de su papado fue visitar el icono de María con el Niño Jesús en la catedral de Santa María la Mayor. Además, ha rezado cinco decenas del rosario cada día desde 1985, y le regaló al papa emérito Benedicto un icono de María cuando se reunieron el 23 de marzo. Por lo tanto, no hay que repetir aquí que el papa Francisco tiene una profunda devoción a María. Hay que subrayar que María, la "humilde sierva del Señor", es la fuente de la "enseñanza de la humildad" que Francisco ha tratado de vivir durante toda su vida adulta, y con efecto tan asombroso durante las primeras dos semanas de su papado.

Se ha notado esto. Cuando el metropolita Hilarión Alfeyev de la Iglesia Ortodoxa Rusa dio ese icono de la Virgen al papa Francisco el 20 de marzo, Hilarión le dijo, "Los primeros pasos de Su Santidad después de la elección fueron marcados por la humildad".

Y este camino de la humildad, un camino mariano, es el que, como ha dicho el papa Francisco, va a seguir hasta el final, no importa cuánto fruncieran el ceño los observadores. Este es el camino, cree, que más fructificará, no gracias a su propio mérito, sino a la apertura creada por la humildad para la acción del Espíritu Santo.

El énfasis del papa Francisco en la Vírgen María es "tradicional", aunque lo lleva a actuar de una manera que puede parecer "revolucionaria". Este, de hecho, es el secreto de su espiritualidad: es, a la vez, tradicional y revolucionario, porque es humilde y mariano, y aun así, está abierto a la instigación intensa del Espíritu. Y el Espíritu puede instigar cosas revolucionarias, cosas no imaginadas por los profesionales eclesiales.

Esta espiritualidad mariana es, por supuesto, muy popular en el mundo hispanohablante. Hay incluso una devoción a María que, especialmente en Argentina y Brasil, se ha vuelto muy popular durante los años recientes, gracias, en parte, al papa Francisco mismo.

Hay una pintura alemana del siglo XVIII que representa a la Virgen María, sacando los nudos de una larga cinta blanca. La imagen, que se ha mantenido en la misma iglesia en Augsburgo durante trescientos años, es poco conocida en su país de origen. Pero en Sudamérica, ya está omnipresente;

por lo menos dos iglesias dedicadas a María, Desatadora de Nudos, se han abierto durante el año pasado, se distribuyen en las calles reproducciones de este imagen, y también se puede comprar un "Kit básico de la Desatadora de Nudos", que contiene una novena, una hoja de oración, un hilo de cuentas, y un brazalete.

Se estima que la Iglesia Católica tiene alrededor de dos mil advocaciones para la Virgen María. Y María, "Desatadora de los Nudos", anteriormente una de las menos conocidas, ahora está creciendo en importancia.

La historia de María, Desatadora de Nudos empezó a principios del siglo XVIII, cuando Johann Schmittdner fue comisionado para pintar una interpretación de la Virgen María. Este imagen, llamado *Maria Knotenlöserin* en alemán, fue colocado en el altar de la iglesia de San Pedro am Perlach en Augsburgo.

Hace más de veinte años, cuando estaba estudiando pocos meses en Alemania, el entonces padre Bergoglio vio la imagen. Llevó una copia consigo cuando volvió a Argentina, donde se empezó a venerar. Una capilla construida en su honor fue inaugurada en 2012, en Formosa, en la frontera con Paraguay. En 2011, la imagen se empezó a encontrar en Brasil. Hoy en día, hay centros de alabanza con el nombre de la Desatadora de Nudos en cinco estados y en septiembre de 2012, se fundó una iglesia en Buzios, cerca de Río de Janeiro. Regina Novaes, del Instituto de los Estudios de Religión en Río, dice que la Desatadora de Nudos "atrae a la gente con problemas pequeños".

Esta devoción a la Virgen conforme a la espiritualidad general del papa Francisco. Él es atraído a los santos, como Juan Diego de Guadalupe y Francisco de Asís, que fueron hombres humildes, pobres, con una gran devoción a la madre de Dios.

Y estos dos hombres llevaron a cabo dos de las instancias más grandes de la evangelización en la historia de la Iglesia.

Desde esta perspectiva, la devoción de Francisco a María, y a María Desatadora de Nudos, podría ser una pista a su estrategia de encomendar a María el proyecto de la "nueva evangelización" que se ha discutido tanto durante los previos veinte años en la Iglesia Católica. La evangelización siempre depende de las intercesiones de la Madre de Dios. Esto podría significar que Francisco tratará de llevar a cabo iniciativas especiales marianas sin precedentes, para traer la noticia de Cristo a un mundo tan tecnológicamente avanzado, financieramente próspero y muy secularizado.

Mi corazonada es que el papa Francisco cree que la devoción verdadera a María es clave no solo para la conversión personal, sino también para la conversión del mundo entero a Cristo Rey. Espero que el nuevo pontífice transmita el "brillo cálido" mariano que tenían también los papas Pío IX, Leo XIII, San Pío X, Pío XII, y Juan Pablo II. Tal vez cuando la prensa secular hable de la "humildad" del papa Francisco, lo que vean en realidad es un pontífice que es tranquilamente mariano. El tiempo lo dirá.

Ignacio

Tomad, Señor, y recibid toda mi libertad,
mi memoria, mi entendimiento
y toda mi voluntad; todo mi haber y mi poseer.
Vos me disteis, a Vos, Señor, lo torno.
Todo es Vuestro: disponed de ello
según Vuestra Voluntad.
Dadme Vuestro Amor y Gracia, que éstas me bastan. Amén.

—Oración de San Ignacio

Ignacio de Loyola es el tercer guía espiritual del papa Francisco. Sabemos que el papa Francisco es un miembro de la orden de los jesuitas, la Compañía de Jesús, fundada por San Ignacio, entonces no hay duda de que el pensamiento y el ejemplo de San Ignacio han influido profundamente al nuevo papa. Pero ¿qué significa esto en la práctica?

Todos los adherentes de la espiritualidad ignaciana tienen que realizar ciertos ejercicios espirituales, que los ayudan a discernir su camino y tomar buenas decisiones.

El Examen Diario es "una técnica de oración reflexiva sobre los eventos del día, para discernir la presencia de Dios y la dirección que Él nos quiere mostrar y decir" (Rosario Ballve, "Una guía de San Ignacio para rezar a la noche", pandecadadia.org, 12/12/2011), según un manual jesuita. "El examen es una práctica muy antigua de la Iglesia que puede ayudarnos a ver la mano de Dios obrando en nuestra experiencia". Entonces el fundamento de esta espiritualidad es ver la voluntad divina en los acontecimientos de la vida diaria, y ver los rastros, las huellas, de la presencia de Dios, aun cuando Él mismo sea invisible o esté oculto.

San Ignacio creía que el examen era un regalo que venía directamente de Dios, y que Dios quería que fuera compartido lo más ampliamente posible. Una de las pocas reglas que estableció Ignacio sobre la oración fue la exigencia de que los jesuitas practicaran el examen dos veces al día, al mediodía y al final del día. Es una costumbre todavía practicada por los jesuitas y por muchos cristianos, hasta el día de hoy.

Aquí sigue una versión sencilla del Examen Diario:

1. Ponte en presencia de Dios.
2. Repasa tu día con gratitud.
3. Presta atención a tus emociones.

4. Escoge algún aspecto del día y ora desde allí.
5. Mira hacia el mañana.

Es un poco diferente del examen de conciencia normal que se realiza antes de ir a confesar los pecados. El propósito del examen es dejar de lado por un momento el desorden del mundo y enfocar la mente y los pensamientos en "cómo Dios ve tu vida".

Éstos son los pasos en más detalle:

1. *Ponte en presencia de Dios.* Repasa los acontecimientos del día en la compañía del Espíritu Santo. El día puede parecer confuso —un mancha, un embrollo, un desorden—. Pídele a Dios que traiga claridad y comprensión.

2. *Repasa tu día con gratitud.* La gratitud es la base de nuestra relación con Dios. Camina a través de tu día en la presencia de Dios y observa las alegrías y placeres. Céntrate en los regalos del día. Mira el trabajo que hiciste, y la gente con la quien te relacionaste. ¿Qué recibiste de ellos? ¿Qué les diste? Presta atención a las cosas pequeñas —la comida que comiste, los lugares que viste, y otros placeres aparentemente pequeños—. Dios está en los detalles.

3. *Presta atención a tus emociones.* Una de las grandes ideas de San Ignacio es que podemos detectar la presencia del Espíritu Santo en los movimientos de nuestras emociones. Reflexiona sobre los sentimientos experimentados durante el día. ¿Aburrimiento? ¿Júbilo? ¿Resentimiento? ¿Compasión? ¿Ira? ¿Confianza en ti mismo? ¿Qué dice Dios a través de estos sentimientos? Lo más probable es que Dios te muestre tus carencias. Toma nota de estos pecados y faltas. Pero busca profundamente otras implicaciones. Quizá un sentimiento de frustración

signifique que Dios quiere que consideres una nueva dirección en algún área de tu trabajo. ¿Te preocupas por alguna amiga? Tal vez deberías acercarte a ella de alguna manera.

4. *Escoge algún aspecto del día y ora desde allí.* Pídele al Espíritu Santo que te dirija durante el día hacia algo que es especialmente importante. Puede tratarse de un sentimiento —positivo o negativo—. Puede ser un encuentro significativo con otra persona o un momento intenso de placer o de paz; o puede ser algo que más bien parece insignificante. Míralo. Ora por ello. Deja que la oración, ya sea intercesión, alabanza, arrepentimiento o gratitud, surja espontáneamente de tu corazón.

5. *Mira hacia el mañana.* Pídele a Dios que te dé luz para los desafíos del mañana. Presta atención a los sentimientos que surgen mientras inspeccionas el devenir. ¿Tienes dudas? ¿Estás animado? ¿Aprensivo? ¿Lleno de una encantadora anticipación? Permite que estos sentimientos se conviertan en oración. Busca la guía de Dios. Pídele ayuda y comprensión. Ora por la esperanza.

San Ignacio animó a la gente a hablar con Jesús como con un amigo. Termina tu Examen Diario con una conversación con Jesús. Pide perdón por tus pecados. Pide su protección y ayuda. Pide su sabiduría acerca de las preguntas que tengas y de los problemas que afrontes. Haz todo esto en espíritu de gratitud. Tu vida es un regalo, y está adornada con regalos de Dios. Termina el Examen Diario con el Padre Nuestro.

El padre Michael Kelly, CJ., ha escrito un ensayo sobre la espiritualidad ignaciana de Francisco. Escribe, "Se ha hablado mucho de la impresión que ha dado el papa Francisco por sus actividades ordinarias y cotidianas: tomar el autobús, utilizar el teléfono para hacer sus propias llamadas, no vestirse con todas las finas telas con las que normalmente visten los papas, tratar a las personas con respeto, como lo hizo con los periodistas, celebrar la Misa del Jueves Santo en una prisión romana. Antes de ser Papa, como Jorge Bergoglio, su primera, y luego recurrente, experiencia del ministerio como jesuita fue hacer y dirigir los Ejercicios Espirituales de San Ignacio de Loyola, fundador de los Jesuitas. Por lo menos dos veces se ha retirado por el plazo de treinta días, y también ha guiado a otros a través de esa experiencia durante muchos años. Los Ejercicios son a la vez una escuela de oración y una experiencia con un propósito único: tomar decisiones sobre la dirección de la vida".

En el fondo de esta espiritualidad se encuentra una "preocupación continua por la persona de Jesús —en sus enseñanzas y predicaciones, y culminando en meditación prolongada sobre su muerte y resurrección—. La desamparada entrega de Jesús en el Calvario ante el amor de Dios y el extraordinario giro que viene con la resurrección se consideran, no sólo a través de los ojos de Jesús, sino también en los calvarios y las resurrecciones de la vida de quienes conllevan retiros espirituales".

Don Luigi Giussani

"Permítanme dar las gracias a todos los presentes, signo grande para mí de estima hacia Aquel que, a través de la fragilidad de nuestras personas, se deja ver, escuchar y tocar en este mundo". —*Don Luigi Giussani, fundador del movimiento Comunión y Liberación, al cardenal Bergoglio, quien les presentaba el libro de Giussani sobre el atractivo de Cristo, a un grupo en Buenos Aires en 1999 (Silvina Premat, Huellas, "Un atractivo distinto", Sitio Oficial del Movimiento de Comunión y Liberación, 1/06/2001)*

En su primera visita a una parroquia, el papa Francisco predicó que "este es el mensaje más poderoso del Señor: la misericordia". Su lema, *"Miserando atque eligendo"* (teniendo la misericordia y eligiéndolo) trata de la misericordia de Jesús hacia los pecadores.

El 7 de abril de 2001, en la Feria Internacional del Libro en Buenos Aires, el entonces arzobispo Bergoglio presentó la edición en español del libro de don Luigi Giussani, *L'attrattiva Gesú* (*El atractivo de Jesucristo*). En su discurso, utilizó una frase discutida también en el libro: "el lugar privilegiado del encuentro es la caricia de la misericordia de Jesucristo sobre mi propio pecado" (ibid).

Los orígenes de algunos de los pensamientos del papa Francisco sobre Cristo, sobre la misericordia de Dios, sobre el perdón de los pecados y el encuentro personal con Jesús, se encuentran, en parte, en el pensamiento de don Luigi Giussani, fundador de de Comunión y Liberación y de don Giacomo Tantardini, líder del grupo en Roma durante muchos años. Giussani falleció en febrero de 2005, y el entonces cardenal Ratzinger ofició su misa fúnebre y pronunció una homilía importante para la ocasión, pocos días antes de su elección como papa Benedicto XVI. Tantardini murió en abril de 2012, y el entonces cardenal Bergoglio escribió un panegírico en su memoria, pocos meses antes de su elección como papa Francisco.

Haciendo honor a su estilo personal, en su presentación del libro de Guissani, el cardenal fue claro y conciso. En treinta y cinco minutos presentó las partes más importantes de los diálogos de *El atractivo de Jesucristo* y comparó algunas afirmaciones del autor con otras de Santa Teresa de Lisieux y de San Agustín.

Este es el texto de su discurso:

Acepté la presentación de este libro de don Giussani
por dos razones. La primera, más personal, es el bien
que este hombre me hizo a mí en la última década,
a mi vida como sacerdote, a través de la lectura de
sus libros y sus artículos. La segunda razón: porque
estoy convencido de que su pensamiento es profund-
damente humano y llega a lo más íntimo del anhelo
del hombre. Me atrevería a decir que se trata de la
fenomenología más honda y, a la vez, más compren-
sible de la nostalgia como hecho trascendental. Hay
una fenomenología de la nostalgia, del *nostos algos*, el
sentirse tirado por la casa, la experiencia de sentirnos
atraídos hacia aquello que nos es más propio, nos es
más consonante con nuestro ser. En el marco de las
reflexiones de don Giussani encontramos estas pince-
ladas de una real fenomenología de la nostalgia.

El libro que hoy se presenta, *El atractivo de Jesucristo*,
no es un tratado de teología, es un diálogo de
amistad; son conversaciones de sobremesa de don
Giussani con sus discípulos. No es un libro para
intelectuales sino para quien es hombre y es mujer.
Es la descripción de esa experiencia inicial, a la que
me voy a referir más adelante, del estupor que sale
a flote dialogando sobre la experiencia cotidiana
provocada, fascinada, por la presencia y mirada
excepcionalmente humana y divina de Jesús. Es el
relato de una relación personal, intensa, misteriosa
pero concreta, de un afecto apasionado e inteligente
hacia la persona de Jesús lo que va a permitirle a
Giussani llegar como al umbral del misterio, tutear
al misterio.

Todo en la vida nuestra, tanto en el tiempo de

Jesús como ahora, empieza con un encuentro. Un encuentro con este hombre, el carpintero de Nazaret, hombre como todos pero a la vez distinto. Los primeros, Juan, Andrés, Simón, se descubrieron mirados al fondo, leídos en su interior y en ellos se generó un estupor, un asombro que, enseguida, los hacía sentir ligados a él y de manera diferente.

Cuando Jesús le pregunta a Pedro: "¿Me amas?", aquel "sí" no fue el resultado de una fuerza de voluntad ni una decisión del joven hombre Simón sino que fue el emerger, el salir a flote de todo un hilo de ternura, un hilo de adhesión que se explica por la estima que él le tenía y, por tanto, fue un acto de razón, un acto razonable, por lo cual "no podía dejar de decir 'sí' ".

No se puede entender esta dinámica del encuentro que provoca el estupor y la adhesión y armoniza todas las potencias en unidad, si no está gatillada —perdonen la palabra— por la misericordia. Solamente quien se encontró con la misericordia, quien fue acariciado por la ternura de la misericordia, se encuentra bien con el Señor. Acá le pido a los teólogos presentes que no me acusen al Santo Oficio ni a la inquisición, pero forzando el argumento me atrevería a decir que el lugar privilegiado del encuentro es la caricia de la misericordia de Jesucristo sobre mi propio pecado.

Justamente frente a este abrazo de misericordia, y sigo con la línea de pensamiento de Giussani, nacen las ganas de responder, de cambiar, de corresponder, brota una nueva moralidad. Nos planteamos el problema ético, que nace del encuentro, de este

encuentro que hemos descrito hasta ahora. La moral
cristiana no es el esfuerzo titánico, voluntarístico,
esfuerzo de quien decide ser coherente y lo logra,
desafío solitario frente al mundo. No. La moral
cristiana simplemente es respuesta. Es la respuesta
conmovida delante de una misericordia, sorpresiva,
imprevisible, "injusta" (voy a retomar este adjetivo
otra vez). Misericordia, sorpresiva, imprevisible,
"injusta" de alguien que me conoce, conoce mis
traiciones e igual me quiere, me estima, me abraza,
me llama de nuevo, espera en mí y de mí. De ahí que
la concepción cristiana de la moral es una revolución,
no es no caer nunca sino un levantarse siempre.

Como vemos esta concepción cristianamente
auténtica de la moral que presenta Giussani nada
tiene que ver con los quietismos espiritualoides de los
que están llenos las góndolas de los supermercados
religiosos hoy en día. Engaños. Ni tampoco con
el pelagianismo tan de moda en sus diversas y
sofisticadas manifestaciones. El pelagianismo,
en el fondo, es reeditar la torre de Babel. Los
quietismos espiritualoides son esfuerzos de oración
o espiritualidad inmanente que nunca salen de sí, no
conocen horizonte de trascendencia.

A Jesús se lo encuentra, análogamente como hace
2.000 años, en una presencia humana, la Iglesia, la
compañía de aquellos que Él asimila a sí, Su cuerpo,
el signo del sacramento de Su presencia. Uno queda
asombrado cuando lee el libro y admirado frente a
una relación tan personal y profunda con Jesús, pero
parece difícil para uno. Y cuando le dicen al padre
Giussani "¡Qué coraje se debe tener para decirle 'sí'

a Cristo!" o, "A mí me surge esta objeción: se ve que el padre Giussani ama a Jesús y yo sin embargo no lo amo del mismo modo". Él responde: "¿Por qué contraponer lo que vosotros no tendríais a lo que yo tendría? Yo tengo este sí y nada más y a vosotros no debería costar una pizca más de lo que me cuesta a mi decirlo. Decir sí a Jesús aunque yo previera ofenderlo mañana mil veces, lo diría". Casi textual, Teresa de Lisieux, repite lo mismo. "Y lo digo porque si no dijera que sí a Jesús no podría decir que sí a las estrellas del cielo o a vuestros cabellos...". No hay nada más sencillo: "yo no sé por qué, no sé cómo puede ser, sólo sé que tengo que decir sí, no puedo dejar de decirlo", y con racionalidad, o sea, a cada rato Giussani recurre en la reflexión de este libro a lo razonable de la experiencia.

Se trata de empezar a decirle Tú a Cristo, a decírselo frecuentemente. Y es imposible sin empezar a desearlo. Y solamente lo podemos desear cuando nos acaricia con su misericordia. Cuando Él nos lo hace desear. Es imposible desearlo sin pedirlo. Y si uno comienza a pedirlo comienza entonces a cambiar. Pero lo pide porque muy dentro de él se siente atraído, llamado, mirado, esperado. La experiencia de Agustín: allá en el fondo de ese sello que me tira hacia Alguien que me buscó primero, me está esperando primero, esa "flor de almendro" de los profetas, la primera que florece en primavera. Y esa cualidad que tiene Dios que yo me voy a permitir decirlo con una palabra porteña: Dios, Jesucristo en este caso siempre nos "primerea", nos anticipa.

El que encuentra a Jesucristo siente el impulso

de testimoniar o dar testimonio de lo que encontró,
que es la vocación del cristiano. El encuentro se da.
Se puede probar que Dios existe pero nunca por la
vía del convencimiento vas a lograr que alguien se
encuentre con Dios. Eso es pura gracia. Pura gracia.
En la historia, desde que comenzó hasta el día de
hoy, siempre "primerea" la gracia, después viene todo
lo demás.

Francisco

Señor, haz de mí un instrumento de tu paz:
donde haya odio, ponga yo amor,
donde haya ofensa, ponga yo perdón,
donde haya discordia, ponga yo unión,
donde haya error, ponga yo verdad,
donde haya duda, ponga yo la fe,
donde haya desesperación, ponga yo esperanza,
donde haya tinieblas, ponga yo luz,
donde haya tristeza, ponga yo alegría.
Oh, Maestro, que yo no busque tanto
ser consolado como consolar,
ser comprendido como comprender,
ser amado como amar.
Porque dando se recibe,
olvidando se encuentra,
perdonando se es perdonado,
y muriendo se resucita a la vida eterna.
—Oración de San Francisco de Asís

El último "guía espiritual" del papa Francisco es el hombre de cuyo nombre escogió: San Francisco de Asís.

¿Por qué eligió el nombre del que, entre todos los santos, quizá era el que menos habría querido ser Papa: San Francisco? Parecería ser que se debió tanto a la humildad como al amor ardiente de Francisco hacia Jesús, así como al significado simbólico que tiene la figura de Francisco para incontables millones de personas. Sin duda, cualquier persona que mire con mayor atención a la vida del padre, obispo, arzobispo y cardenal Bergoglio, verá inmediatamente que ya estaba presente en gran parte "el espíritu franciscano".

¿Qué es el "espíritu franciscano"? En una frase: ser como Cristo. Muchos comentaristas han dicho a las audiencias y los lectores que si quieren una representación del "espíritu franciscano", deberían leer la obra de G.K. Chesterton sobre la vida de San Francisco. Pero una fuente más breve que nos da un retrato aún más perspicaz de la santidad de Francisco es un capítulo escrito por un hombre que Bergoglio admira mucho: Joseph Ratzinger, el papa Benedicto XVI.

En el capítulo 4 del volumen 1 de su obra, *Jesús de Nazaret*, Ratzinger escribe sobre el Sermón del Monte y las Bienaventuranzas, y sitúa la dedicación total de Francisco a Cristo dentro de una tradición que traza desde el Antiguo Testamento hasta los apóstoles, especialmente San Pablo. En el centro de este "amor ágape" está el llegar a ser como Cristo, y Ratzinger describe a San Francisco como "esa figura de la historia de la fe que se nos muestra como la ilustración más intensamente vivida" de la primera Bienaventuranza: *"Bienaventurados los pobres en el espíritu: porque de ellos es el reino de los cielos"*. Y añade: "Francisco de Asís se aferró a la promesa de esta bienaventuranza en su aspecto más radical, hasta el punto de despojarse de sus vestiduras y dejarse proporcionar otra por parte del obispo, representante de la bondad paterna de Dios, que viste a los lirios del campo con más esplendor que Salomón con todas sus galas (cf. Mt 6,28)" (ibíd.). Francisco, dice Ratzinger, "estaba perfectamente conforme con las heridas de los estigmas, tan a la perfección que de allí en adelante no vivió más como él mismo, sino como alguien renacido por completo desde y en Jesucristo".

Mientras que la carga inagotable del papa Juan Pablo II a todos los creyentes fue: "No tengan miedo... No tengan miedo de abrir sus corazones al amor inexpresable de Cristo", la llamada del papa Francisco a todos los buscadores de la más alta espiritualidad podría ser entendida como un aliento a que nos esforcemos por imitar el amor que mostró el hombre pobre de Asís a Jesús y a su prójimo.

El cardenal Hummes se expresó de esta manera dos días después de la elección de Bergoglio como Papa: "Muchos están esperando una reforma de la curia y estoy seguro de que él la hará, a la luz de la esencialidad, la sencillez y la humildad que requiere el Evangelio, siempre siguiendo la estela del santo del cual ha tomado el nombre. San Francisco sentía un gran amor por la Iglesia jerárquica, por el Papa: quería que sus frailes fueran católicos y obedecieran al 'Señor Papa', como él decía".

Esta referencia a Francisco no es banal, para un papa del que se espera que "repare la Iglesia".

San Francisco era también probablemente el santo más mariano que jamás haya vivido. Su vida entera estaba consagrada a María. Es probablemente el primer santo que identifica a María como "la esposa del Espíritu Santo". En un sueño del hermano León, Francisco indicó a los frailes que el cielo no podría ser alcanzado por medio de la penitencia dura, sino por la rendición confiada ante la madre amorosa de nuestro Señor y Salvador Jesucristo.

Además, la Iglesia madre de San Francisco, la Porciúncula

o Santa María de los Ángeles, se le reveló a él como una "pequeña porción" (del Latín, *Portiuncula*) especial de María. Francisco deseaba que esta iglesia de María, su iglesia madre, fuera un lugar de peregrinación —similar en importancia (es decir, con una indulgencia igual) a Roma y Jerusalén—. Cuando murió Francisco, quería que se lo extendiera, desnudo, en el suelo de la pequeña iglesia, de modo que pudiera morir en los brazos de la Madre de Dios.

En la mitología pseudo-franciscana y pauperista que en estos días muchos están aplicando al nuevo papa, se imagina una Iglesia que renunciaría el poder, las estructuras y la riqueza, y se hace puramente espiritual. Pero no por esto vivió el santo de Asís. En el sueño del papa Inocencio III pintado por Giotto, Francisco no está demoliendo la Iglesia, sino llevándola sobre sus hombros. Y fue la Iglesia de San Juan de Letrán, la catedral del obispo de Roma, en ese entonces recién restaurada y decorada profusamente pero afeada por los pecados de sus hombres, la que tenía que purificarse. Aunque la purificación de la Iglesia permanece como la visión perdurable de Francisco, fueron solamente unos pocos seguidores de Francisco quienes cayeron en el espiritismo y la herejía.

TERCERA PARTE

Sus palabras

Las grandes preguntas sobre la vida

¿Para qué vivís? ¿Para la mundanidad? ¿Para la apariencia? Pensémoslo todos, es un mensaje para todos. La ceniza nos pone esta pregunta: ¿Querés volar al mensaje de Jesucristo, ya desde ahora viviendo en plenitud o querés vivir en la pavada, en la superficialidad? —*Homilía en la misa del Miércoles de Ceniza, 6 de febrero de 2008*

Si no hay Encuentro con Jesús la vida se nos vuelve inconsistente, va perdiendo sentido. El Señor tiene dispuesta una Eucaristía —un encuentro— cada día, para nosotros, para nuestra familia, para la Iglesia entera. Y nuestro corazón tiene que aprender a adherirse a esta Eucaristía cotidiana —sintetizada en la misa dominical— de modo tal que cada día quede "salvado", bendecido, convertido en ofrenda agradable, puesto en manos del Padre, como Jesús con su carga de amor y de cruz. —*Homilía en la Solemnidad del Corpus Christi, 17 de junio de 2006*

El estupor

....

El principio de todo filosofar es la admiración. (...) Hay una frase del papa Luciani, que dice que el drama del cristianismo contemporáneo reside en el hecho de ofrecer categorías y normas en lugar del estupor por un acontecimiento.

—*Presentación de la edición española del libro de Luigi Giussani, Il Senso religioso, 16 de octubre de 1998*

Dice el evangelio que María se sorprendió con lo que le decía el ángel; quedó ahí, no sé, temblando quizás. Se sorprendió. Esa es otra letanía que podríamos poner en nuestra vida; Nuestra Señora, la Virgen sorprendida reza por nosotros. Entonces esa Virgen que se deja sorprender. Esa Virgen que abre su corazón a la sorpresa siente el impulso de apurarse para servir. La sorpresa le abre el corazón y el Espíritu que la sorprende, la impulsa al servicio. —*Celebración de la aprobación pontificia del Instituto Cristífero elevado a Instituto Secular, 27 de enero de 2012*

Todo en la vida nuestra, tanto en el tiempo de Jesús como ahora, empieza con un encuentro. Un encuentro con este hombre, el carpintero de Nazaret, hombre como todos pero a la vez distinto. Los primeros, Juan, Andrés, Simón, se descubrieron mirados al fondo, leídos en su interior y en ellos se generó un estupor, un asombro que, enseguida, los hacía sentir ligados a él y de manera diferente. —*Presentación de la edición española de L'attrattiva Gesù (El atractivo de Jesucristo) de Luigi Giussani en la Feria Internacional del Libro de Buenos Aires, 27 de abril de 2001*

Dios

· · · · · · · · ·

Donde hay idolatría se cancela a Dios y la dignidad del hombre, hecho a imagen de Dios. El nuevo imperialismo del dinero quita del medio incluso el trabajo, que es como se expresa la dignidad del hombre, su creatividad, que es la imagen de la creatividad de Dios. —*"El rostro idólatra de la economía especulativa", entrevista a la revista* 30 Giorni, *enero de* 2002

Adorar es decir "Dios" y decir "vida". Encontrarnos cara a cara en nuestra vida cotidiana con el Dios de la vida, es adorarlo con la vida y el testimonio. Es saber que tenemos un Dios fiel que se ha quedado con nosotros y que confía en nosotros. —*Carta a los catequistas, agosto de* 2002

La alianza que Dios hace con su pueblo y con cada uno de nosotros es precisamente para que caminemos hacia una promesa, hacia un encuentro. Este camino es vida. —*Homilía en la Vigilia Pascual, 19 de abril de* 2003

La fe en Dios Creador nos dice que la historia de los hombres no es un vacío sin orillas: tiene un inicio y tiene también una dirección. El Dios que creó "el cielo y la tierra" es el mismo que hizo una Promesa a su pueblo, y su poder absoluto es la garantía de la eficacia de su Amor. —*Mensaje a las comunidades educativas, 9 de abril de* 2003

Llevamos dentro del corazón una promesa y la certeza de la fidelidad de Dios, pero la duda es piedra, los sellos de la corrupción son ataduras, y muchas veces cedemos a la tentación de quedarnos paralizados, sin esperanza. La parálisis nos enferma el alma, nos arrebata la memoria y nos quita la alegría. Nos hace olvidar que hemos sido elegidos, que somos portadores de promesas, que estamos marcados por una alianza divina. La parálisis nos priva de la sorpresa del encuentro, nos impide abrirnos a la "buena noticia". —*Homilía en la Vigilia Pascual, 19 de abril de 2003*

También nosotros, en esta noche, si abrimos el corazón, tenemos la posibilidad de contemplar el milagro de la luz en medio de nuestras tinieblas, el milagro de la fuerza de Dios en la fragilidad, el milagro de la suma grandeza en la pequeñez. —*Homilía en la Misa de Nochebuena de 2003*

La presencia del Verbo de Dios venido en carne transforma, sin negarlo, todo lo humano, lo eleva, lo coloca en la dimensión del Reino de Dios. —*Homilía con motivo de la Jornada por la Vida, Universidad Católica Argentina (UCA), 25 de marzo de 2004*

Cuaresma: un tiempo privilegiado para abrir nuestra fragilidad a la misericordia de Dios Padre y experimentar su ternura. Un tiempo donde, aprendiendo de sus mismos gestos de projimidad, el Señor nos lleva a reencontrarnos con nuestros hermanos, especialmente con los más pequeños y abandonados. —*Carta a los sacerdotes, religiosos y religiosas de la arquidiócesis de Buenos Aires, 11 de febrero de 2004*

La historia humana, nuestra historia, la historia de cada uno de nosotros, de nuestras familias, de nuestras comunidades, la historia concreta que construimos día a día en nuestras escuelas, nunca está "terminada", nunca agota sus posibilidades, sino que siempre puede abrirse a lo nuevo, a lo que hasta ahora no se había tenido en cuenta. A lo que parecía imposible. Porque esa historia forma parte de una creación que tiene sus raíces en el Poder y el Amor de Dios. —*Mensaje a las comunidades educativas, 9 de abril de 2003*

Jesucristo

Si miramos a Jesús, Sabiduría de Dios encarnada, podremos darnos cuenta de que las dificultades se tornan desafíos, los desafíos apelan a la esperanza y generan la alegría de saberse artífices de algo nuevo. Todo ello, sin duda, nos impulsa a seguir dando lo mejor de nosotros mismos. (...) Todo encuentro con Jesús nos cambia el corazón y nos hace atrevidos, osados, para defender eso que hemos recibido, eso que no se puede negociar.

—*Mensaje a las comunidades educativas, 21 de abril de 2004*

La cosa es muy clara: todo encuentro con Jesús nos hace misioneros, porque nos funda sobre piedra, no sobre la arena de las ideologías. —*Mensaje a las comunidades educativas, 21 de abril de 2004*

Y encontrarse con Jesús es algo grande, es algo que nos cambia la vida, que nos purifica el corazón, que nos lo hace grande, magnánimo, con horizontes amplios, donde hay cabida para todos. —*Homilía en la misa por el inicio del ciclo lectivo, 22 de abril de 1999*

La clave está en ese Jesús que se conmueve, que se acerca, que toca el dolor y la muerte y los convierte en vida nueva. No dejó que aquel luto del joven muerto aplastara la esperanza: "No llores", le dijo a la madre y tocó el dolor. —*Homilía en ocasión del* Te Deum, *25 de mayo de 2000*

La Iglesia vive de la memoria del Resucitado. Es más: apoya su camino histórico en la certeza de que el Resucitado es el Crucificado: el Señor que viene es el mismo que pronunció las Bienaventuranzas, que partió el pan con la multitud, que curó a los enfermos, que perdonó a los pecadores, que se sentó a la mesa con los publicanos. Hacer memoria de Jesús de Nazaret en la fe del Cristo Señor nos habilita para "hacer lo que él hizo", en memoria suya. Y aquí se incorpora toda la dimensión de la memoria, porque la historia de Jesús se empalma con la historia de los hombres y los pueblos en sus búsquedas imperfectas de un Banquete fraterno, de un amor perdurable. —*Mensaje dado el 29 de marzo de 2000*

El Espíritu Santo

....

Y esto es lo que hoy les pido a ustedes: Movidos por el Espíritu Santo metan a todos los que están cerca de ustedes en el Misterio de Dios. Háganlos entrar al Misterio de Dios. Ustedes no, el Espíritu Santo. Pero ustedes sean el conducto del Espíritu Santo para que esta sociedad, todos, hermanos nuestros, que recibieron el santo bautismo, la mayoría que tiene el sello del Espíritu, la Unción del Espíritu, que ellos reconozcan que el camino es por el Misterio de Dios. Peleando, no ganamos nada. Al estilo del Espíritu Santo. (...)

La unción del Espíritu Santo es caridad, dulzura, mansedumbre, amor. Eso les pido hoy: con dulzura, mansedumbre, amor, llevemos a nuestros hermanos para que el Espíritu Santo los introduzca en el Misterio de Dios. —*Homilía en la misa anual de la Renovación Carismática Católica, 2 de junio de 2007*

Sin el Espíritu Santo corremos el riesgo de desorientarnos en la comprensión de la fe y terminar en una propuesta gnóstica; y también corremos el riesgo de no ser "enviados" sino de "salir por las nuestras" y terminar desorientados en mil y una formas de autorreferencialidad. Al introducirnos en el Misterio, Él nos salva de una Iglesia gnóstica; al enviarnos en misión nos salva de una Iglesia autorreferencial. —*Mensaje en el V Encuentro Nacional de Sacerdotes, 11 de septiembre de 2008*

El Espíritu Santo que nos hace hijos adoptivos, nos libera de toda esclavitud y, en una posesión real y mística, nos entrega el don de la libertad y clama, desde dentro de nosotros, la invocación de la nueva pertenencia: ¡Padre! —*Homilía en la misa del 7 de noviembre de 2011*

María

Junto a la cruz de Jesús estaba su madre, escuchamos recién. De pie junto a la cruz estaba y sigue estando junto a las cruces de los que están con dolores en sus vidas. Ahí donde hay una cruz, en el corazón de cada hijo suyo, está nuestra Madre. El Evangelio nos presenta ese momento con pocas palabras pero con miradas profundas. Miradas de la Virgen que contempla a su hijo; mirada del hijo que la mira y la deja como Madre de todos nosotros. Jesús entrega su vida y busca en su madre quien siga cuidando tantas vidas, las nuestras, que necesitan protección. En ese momento en que Jesús le habla a su madre, cuando él está en la más completa soledad, en el más grande abandono; solamente tiene el afecto y la mirada comprensiva de ella, y a ella le encomienda que derrame ese afecto y esa mirada comprensiva de Madre a cada uno de nosotros en los momentos más difíciles. —*Homilía en la 37ª Peregrinación Juvenil a Pie a Luján, 2 de octubre de 2011*

¡Danos la mano, Virgencita, Madre nuestra! En tus manos está nuestra esperanza. Vos sos la que nos dice: "hagan todo lo que Jesús les diga". Que en tu lenguaje materno, esta recomendación tierna y exigente nos fortalezca nuestras manos, que se nos vuelvan ágiles e industriosas para trabajar y que se nos llenen de la alegría laboriosa de la caridad. —*Homilía en la fiesta de San Cayetano, 7 de agosto de 2003*

Miremos a la Virgen María. Es Madre y dice bien las cosas tanto a su Hijo como a nosotros, sus otros hijos, su pueblo fiel. A Jesús le dice bien nuestras necesidades, que no tenemos vino, como en Caná; a nosotros nos dice bien que hagamos todo lo que Jesús nos diga. Y así, por sus labios bendecidores, crece nuestra unión con Jesús y el Señor hace milagros con las cosas, transforma el agua en vino y multiplica el pan. —*Homilía en la Solemnidad del Corpus Christi, 9 de junio de 2007*

Madre, enséñanos a escuchar. Somos un pueblo que necesita aprender a escuchar y somos un pueblo que necesita ser escuchado. Madre, enséñanos a escuchar. Y ella nos enseña a escuchar. Si hoy se lo pedimos nos va a enseñar. Ella, calladita al pie de la cruz, escuchó lo más importante de su vida: "Ahí tenés a tu hijo"... "Acá tenés a tus hijos". Y de ahí en más empezó a cuidar del Pueblo de Dios. A escuchar al Pueblo de Dios. Ella guardaba todas las cosas en su corazón, las cosas que escuchaba y así nos fue juntando como pueblo, como cristianos, como hermanos. —*Homilía en la 34ª Peregrinación Juvenil a Pie a Luján, 5 de octubre de 2008*

La Virgen Madre, la que «guardaba todas las cosas en su co-razón», nos enseñará la gracia de la memoria. Sepamos pedír-sela con humildad. Ella sabrá hablarnos en la lengua materna, en la lengua de nuestros padres, la que aprendimos a balbu-cear en los primeros años. Que nunca nos falte el cariño y la ternura de María que nos susurre al oído la Palabra de Dios en ese lenguaje de familia. —*Mensaje a las comunidades educativas, Buenos Aires, 1999*

La creación

Todo lo creado debe ingresar en esa comunión definitiva con Dios, iniciada en Cristo resucitado. Es decir: debe haber un término como perfección, como acabamiento positivo de la obra amorosa de Dios. Un término que no es resultado inme-diato o directo de la acción humana, sino que es una acción salvadora de Dios, el broche final de la obra de arte que él mismo inició y en la cual quiso asociarnos como colaborado-res libres. —*Mensaje dado el 29 de marzo de 2000*

Jesús quiere reeditar, al comienzo de su vida, después de su bautismo, algo parecido a lo que fue el principio, y este gesto de Jesús de convivir en paz con toda la naturaleza, en soledad fecunda del corazón y en tentación, nos está indicando qué vino a hacer él. Vino a restaurar, vino a re-crear. Nosotros, en una oración de la misa, durante el año, decimos una cosa muy linda: "Dios, que tan admirablemente creaste todas las cosas, y más admirablemente las re-creaste". —*Homilía en ocasión del encuentro arquidiocesano de catequistas, 11 de marzo de 2000*

En Cristo la centralidad del hombre como obra maestra de la creación llega a su plenitud. Participando de esa plenitud comprendemos más profundamente el misterio del hombre desde el instante de su concepción y el orden deontológico natural que regula esta vida. —*Homilía con motivo de la Jornada por la Vida, Universidad Católica Argentina (UCA), 25 de marzo de 2004*

El Papa habla de una dignidad trascendente, expresada en una suerte de "gramática" natural que se desprende del proyecto divino de la creación. Quizás ese carácter trascendente sea la nota más característica de toda concepción religiosa del hombre. La verdadera medida de lo que somos no se calcula solamente en relación con un orden dado por factores naturales, biológicos, ecológicos, hasta sociales; sino en el lazo misterioso que, sin liberarnos de nuestra solidaridad con la creación de la cual formamos parte, nos emparenta con el Creador para no ser simplemente "parte" del mundo sino "culminación" del mismo. La Creación "se trasciende" en el hombre, imagen y semejanza de Dios. Porque el hombre no es sólo Adán; es ante todo Cristo, en quien fueron creadas todas la cosas, primero en el designio divino. (...)

No basta con reconocer y vivir una nueva conciencia ecológica que supere toda reducción determinista a lo natural-biológico, y una nueva conciencia humanística y solidaria que se oponga a la bruma del egoísmo individualista y economicista. Las mujeres y hombres que vivimos en la tierra soñamos con un mundo nuevo que en su plenitud probablemente no veremos con nuestros ojos, pero lo queremos, lo buscamos, lo soñamos. —*Mensaje a las comunidades educativas, 18 de abril de 2007*

La humanidad

Un verdadero crecimiento en la conciencia de la humanidad
no puede fundarse en otra cosa que en la práctica del diálogo
y el amor. Diálogo y amor suponen el reconocimiento del
otro como otro, la aceptación de la diversidad. —*Mensaje a las
comunidades educativas, 10 de abril de 2002*

El único motivo por el cual tenemos algo que hacer en el
campo de la educación es la esperanza en una humanidad
nueva, en otro mundo posible. Es la esperanza que brota de
la sabiduría cristiana, que en el Resucitado nos revela la estatura divina a la cual estamos llamados. —*Mensaje a las comunidades educativas, 21 de abril de 2004*

La Iglesia

La Iglesia como realidad "santificada" plenamente y capaz de
recibir y de comunicar —sin errores ni carencias, desde su
propia pobreza y aun con sus pecados— toda la santidad de
Dios, no es un "complemento" o un "agregado institucional"
a Jesucristo, sino participación plena de su Encarnación, de
su Vida, de su Pasión, muerte y Resurrección. —*Catequesis en
el 49° Congreso Eucarístico Internacional, Quebec, 18 de junio de 2008*

La unidad en la Iglesia es una gracia, pura gracia, pero una gracia que hay que saberla recibir, deseándola entrañablemente, haciéndole espacio, haciendo cada vez más cóncavo nuestro corazón despojándolo de todo interés mundano. —*Homilía en la misa de apertura de la 92ª Asamblea Plenaria del Episcopado, 6 de noviembre de 2006*

En cambio la tentación para la Iglesia fue y será siempre la misma: eludir la cruz (cfr. Mt. 16:22), negociar la verdad, atenuar la fuerza redentora de la Cruz de Cristo para evitar la persecución. ¡Pobre la Iglesia tibia que rehúye y evita la cruz! —*Homilía en la misa de apertura de la 93ª Asamblea Plenaria del Episcopado, 23 de abril de 2007*

El cariño y la veneración que todos sentimos casi "espontáneamente" por la Virgen y ante la Eucaristía debemos cultivarlo para con la Iglesia. Deben ser los mismos, ya que como hemos visto, María e Iglesia son "recipientes" transformados íntegramente por aquel que quiso "habitar" en ellas. —*Catequesis en el 49° Congreso Eucarístico Internacional, Quebec, 18 de junio de 2008*

La Iglesia nos pone en camino, un camino hacia el encuentro con Jesucristo, el único camino que tiene consistencia, el único válido que de alguna manera me lleva a encontrarme con mi Señor, el que da sentido a la vida. —*Homilía en la misa del Miércoles de Ceniza, 6 de febrero de 2008*

Los sacramentos

La solicitud a la hora de favorecer de todos los modos posibles la administración del bautismo y de los demás sacramentos afecta a toda la Iglesia. Si la Iglesia sigue a su Señor, sale de sí misma, con valor y miséricordia: no se queda encerrada en su autorreferencialidad. El Señor lleva a cabo un cambio en aquel que le es fiel, lo hace levantar la mirada de sí mismo. Esta es la misión, este es el testimonio. (...)

Los sacramentos son gestos del Señor. No son prestaciones o territorios de conquista de curas u obispos. (...)

Nadie piensa que no haya que hacerse catequesis. Preparar a los niños para la Confirmación y la Comunión. Pero siempre hay que mirar a nuestra gente tal como es, y ver qué es más necesario. Los sacramentos son para la vida de los hombres y las mujeres tal como son. Gente que puede que no sea de mucho hablar, pero que tienen un *sensus fidei* que comprende la realidad de los sacramentos con más claridad que muchos especialistas. —*Entrevista a la revista* 30 Giorni, *8 de noviembre de 2009*

"La Eucaristía y la Iglesia, misterio de la alianza". Con la palabra "alianza" se quiere poner de relieve la dimensión eclesial y nupcial del don de la Eucaristía, don con el cual el Señor quiere llegar a todos los hombres. La Eucaristía es pan vivo entregado para la vida del mundo y sangre de la alianza derramada para el perdón de los pecados de todos los hombres. (...)

En los Sacramentos la Iglesia nos comunica la Vida plena que vino a traer el Señor. —*Catequesis en el 49° Congreso Eucarístico Internacional, Quebec, 18 de junio de 2008*

La Eucaristía

· · · · · · · · · · · · · · · · · · · ·

Una frase del Instrumentum Laboris (n° 2) dice que "es necesario verificar si la ley de la oración corresponde a la ley de la fe, es decir, preguntarse en qué cree y cómo vive el Pueblo de Dios para que la Eucaristía pueda ser cada vez más la fuente y la cumbre de la vida y de la misión de la Iglesia": una intuición muy rica que va a buscar a Cristo en sus beneficiarios y testigos más pequeños en el santo pueblo fiel de Dios, ese pueblo que —en su totalidad— es *"infallibile in credendo".* —*Catequesis, Congreso Eucarístico Internacional, Quebec, Canadá, June 18, 2008*

Nuestro pueblo fiel tiene la verdadera "actitud eucarística" de la acción de gracias y la alabanza. Recordando a María nuestro pueblo fiel agradece el ser recordado por ella y es este memorial de amor verdaderamente eucarístico. Al respecto repito lo que Juan Pablo II afirmaba en el n° 58 de Ecclesia de Eucharistia: "La Eucaristía se nos ha dado para que nuestra vida sea, como la de María, toda ella un magnificat". —*XI Asamblea General Ordinaria del Sínodo de los Obispos, 4 de octubre de 2005*

La libertad

· · · · · · · · · · · · · · ·

La dignidad trascendente de la persona también implica la trascendencia respecto del propio egoísmo, la apertura constitutiva hacia el otro. La concepción cristiana de "persona humana" no tiene mucho que ver con la posmoderna entronización del individuo como único sujeto de la vida social. La libertad no es un fin en sí mismo, un agujero negro detrás del cual no hay nada, sino que se ordena a la vida más plena de la persona, de todo el hombre y todos los hombres. (...)

Esta definición "negativa" de la libertad termina siendo la única posible si partimos del absolutismo del individuo; pero no lo es si consideramos que todo ser humano está esencialmente referido a su semejante y a su comunidad. En efecto: si es verdad que la palabra, uno de los rasgos principales distintivos de la persona, no nace exclusivamente en nuestro interior sino que se amasa en las palabras que me han sido transmitidas y me han convertido en lo que soy (la "lengua materna", lengua y madre); si es verdad que no hay humanidad sin historia y sin comunidad (porque nadie "se hizo solo", como les gusta farfullar a las ideologías de la depredación y la competencia); si nuestro hablar siempre es respuesta a una voz que nos habló primero (y, en última instancia, a la Voz que nos puso en el ser), ¿qué otro sentido puede tener la libertad que no sea abrirme la posibilidad de "ser con otros"? ¿Para qué quiero ser libre si no tengo ni un perro que me ladre? ¿Para qué quiero construir un mundo si en él voy a estar solo en una cárcel de lujo? (...)

La libertad, desde este punto de vista, no "termina", sino que "empieza" donde empieza la de los demás. (...)

La libertad se cumple plenamente, "maduramente", cuando es libertad responsable. Es allí cuando se torna lugar de encuentro entre las tres dimensiones del tiempo. Una libertad que reconoce lo que hizo y lo que no hizo (del presente al pasado), se apropia de sus decisiones en el instante que corresponde (el presente) y se hace cargo de las consecuencias (del presente al futuro). Esa es una libertad madura.
—*Mensaje a las comunidades educativas, 6 de abril de 2005*

La moralidad

La moral cristiana no es el esfuerzo titánico, voluntarístico, esfuerzo de quien decide ser coherente y lo logra, desafío solitario frente al mundo. No. La moral cristiana simplemente es respuesta. Es la respuesta conmovida delante de una misericordia, sorpresiva, imprevisible, "injusta" (voy a retomar este adjetivo otra vez). Misericordia, sorpresiva, imprevisible, "injusta" de alguien que me conoce, conoce mis traiciones e igual me quiere, me estima, me abraza, me llama de nuevo, espera en mí y de mí. De ahí que la concepción cristiana de la moral es una revolución, no es no caer nunca sino un levantarse siempre. —*Presentación de la edición española de* L'attrattiva Gesú *(El atractivo de Jesucristo) de Luigi Giussani, Feria Internacional del Libro de Buenos Aires, 27 de abril de 2001*

Hoy, en medio de los conflictos, este pueblo nos enseña que no hay que hacerle caso a aquellos que pretenden destilar la realidad en ideas, que no nos sirven los intelectuales sin talento, ni los eticistas sin bondad, sino que hay que apelar a lo hondo de nuestra dignidad como pueblo, apelar a nuestra sabiduría, apelar a nuestras reservas culturales. Es una verdadera revolución, no contra un sistema, sino interior; una revolución de memoria y ternura: memoria de las grandes gestas fundantes, heroicas... y memoria de los gestos sencillos que hemos mamado en familia. —*Homilía en ocasión del* Te Deum, *en el 189° aniversario de la Revolución de Mayo*

La defensa de la vida

Qué lindo es cuidar la vida, dejar crecer la vida, dar vida como Jesús, y darla abundantemente, no permitir que ni uno de los más pequeños se pierda. (...)

No podemos anunciar otra cosa que vida, y desde el principio hasta el final. Todos debemos cuidar la vida, acariciar la vida, ternura, calidez. Eso es a lo que hoy se nos llama y qué lindo. (...)

Tengo que luchar por la vida, cuidar la vida, no tiene que haber un solo chico que no tenga derecho a nacer, que no tiene que haber un solo chico que no tenga derecho a estar bien alimentado, que no tiene que haber un solo chico que no tenga derecho de ir a la escuela. (...)

Cuidar la vida del principio al final, qué cosa tan sencilla, qué cosa tan linda. —*Homilía en la misa en honor del santo protector de las embarazadas, San Ramón Nonato, 31 de agosto de 2005*

Los niños

....

Los niños hoy corren el riesgo, por mala alimentación, por mala educación o insuficiente, de no ser aptos para integrarse plenamente en la sociedad. Se puede crear una casta de *minushabentes*. Un chico que no tiene las proteínas suficientes los dos primeros años de su vida va a entrar en la categoría de la oligofrenia. De eso nos tenemos que hacer cargo. La niñez hoy tan alevosamente postergada y despreciada. Nos rasgamos las vestiduras cuando leímos hace poco en los diarios sobre el barco de los chicos esclavos. Eso no solo sucede allá, eso sucede cada vez que no hay una política de niñez que salve a la persona humana, el centro de la persona como valor. Marco eso como gran preocupación. —*Alocución al término de la IV Jornada arquidiocesana de Pastoral Social, 30 de junio de 2001*

Los jóvenes

....

Ser joven es animarse a mirar horizontes, no quedarse encerrado. Ser joven es madurar para la victoria, es decir, aprender a luchar, aprender a trabajar, aprender a mirar al mundo con ojos de grandeza. Ser joven significa tener grandeza. (...)

Ustedes jóvenes, chicos y chicas, están llamados a cosas grandes, están llamados al servicio de los demás, están llamados a llevar adelante a nuestro pueblo, están llamados a formar una familia y a transmitir los valores de nuestro pueblo. No se dejen engañar, no se dejen anestesiar, no todo lo que brilla es joya, muchas veces son sólo vidrios de colores. —*Homilía en la misa por los festejos de la Parroquia de Santa Inés Virgen y Mártir, 21 de enero de 2004*

La justicia

En los más pobres y en todos los que trabajan o fatigosamente buscan trabajo, que no se dejan arrastrar por la marginación destructiva ni por la tentación de la violencia organizada sino que, silenciosamente y con la entrega que solo concede la fe, siguen amando a su tierra. Ellos han probado un cáliz que, en la entrega y el servicio, se ha hecho bálsamo y esperanza. En ellos se manifiesta la gran reserva cultural y moral de nuestro pueblo. Ellos son los que escuchan la palabra, los que se ahorran los aplausos rituales, los que de verdad se hacen eco y comprenden que no se habla para otros. —*Homilía en ocasión del Te Deum, 25 de mayo de 2001*

Es la necesidad imperiosa de convivir para construir juntos el bien común posible, el de una comunidad que resigna intereses particulares para poder compartir con justicia sus bienes, sus intereses, su vida social en paz. Tampoco se trata solamente de una gestión administrativa o técnica, de un plan, sino que es la convicción constante que se expresa en gestos, en el acercamiento personal, en un sello distintivo, donde se exprese esta voluntad de cambiar nuestra manera de vincularnos amasando, en esperanza, una nueva cultura del encuentro, de la projimidad; donde el privilegio no sea ya un poder inexpugnable e irreductible, donde la explotación y el abuso no sean más una manera habitual de sobrevivir. En esta línea de fomentar un acercamiento, una cultura de esperanza que cree nuevos vínculos, los invito a ganar voluntades, a serenar y convencer. —*Homilía en ocasión del* Te Deum, *25 de mayo de 2000*

La modernidad

Decir que la crisis es global, entonces, es dirigir la mirada hacia las grandes vigencias culturales, las creencias más arraigadas, los criterios a través de los cuales la gente opina que algo es bueno o malo, deseable o descartable. Lo que está en crisis es toda una forma de entender la realidad y de entendernos a nosotros mismos. —*Mensaje dado el 29 de marzo de 2000*

A veces imaginamos a los valores y las tradiciones, hasta a la misma cultura, como una especie de joya antigua e inalterable, algo que permanece en un espacio y un tiempo aparte, no contaminándose con las idas y venidas de la historia concreta. Permítanme opinar que una mentalidad así solo lleva al museo y, a la larga, al sectarismo. Los cristianos hemos sufrido demasiado las estériles polémicas entre tradicionalismo y progresismo como para dejarnos caer nuevamente en actitudes de este tipo. —*Mensaje a las comunidades educativas, 10 de abril de 2002*

La cultura

Rescatar nuestra memoria significa, por el contrario, contemplar los brotes de un alma que se resiste a su opresión. En nuestro pueblo existen manifestaciones populares artísticas donde anidan el sentimiento y la humanización; hay una vuelta a la fe y a la búsqueda espiritual ante el fracaso del materialismo, el cientificismo y las ideologías; las organizaciones espontáneas de la comunidad son formas vigentes de socialización y búsqueda del bien común. Estas propuestas populares, emergentes de nuestra reserva cultural, trascienden los sectarismos, los partidismos y los intereses mezquinos. —*Homilía en ocasión del* Te Deum, *25 de mayo de 2001*

Las personas tenemos una relación compleja con el mundo en que vivimos, precisamente por nuestra doble condición de hijos de la tierra e hijos de Dios. Somos parte de la naturaleza; nos atraviesan los mismos dinamismos físicos, químicos, biológicos, que a los demás seres que comparten el mundo con nosotros. Aunque se trate de una afirmación banalizada y tantas veces mal entendida, "somos parte del todo", un elemento del admirable equilibrio de la Creación. La tierra es nuestra casa. La tierra es nuestro cuerpo. También nosotros somos la tierra. Sin embargo, para la civilización moderna, el hombre está disociado armónicamente del mundo. La naturaleza ha terminado convirtiéndose en una mera cantera para el dominio, para la explotación económica. Y así nuestra casa, nuestro cuerpo, algo de nosotros, se degrada. La civilización moderna conlleva en sí una dimensión biodegradable. ¿A qué se debe esto? En línea de lo que venimos meditando, esta ruptura (que sin duda nos va a costar y ya nos está costando mucho sufrimiento, poniendo incluso un signo de pregunta sobre nuestra misma supervivencia) esta ruptura, digo, puede entenderse como una suerte de "trascendencia desnaturalizada". Como si la trascendencia del hombre respecto de la naturaleza y del mundo implicara separación. Nos pusimos frente a la naturaleza, nos enfrentamos a ella, y en ello ciframos nuestra trascendencia, nuestra humanidad. Y así nos fue. Porque trascendencia respecto de la naturaleza no significa que podamos romper gratuitamente con su dinámica. Que seamos libres y que podamos investigar, comprender y modificar el mundo en que vivimos no significa que todo valga. No hemos puesto nosotros sus "leyes", ni las vamos a ignorar sin serias consecuencias. Esto es válido también para las leyes intrínsecas que rigen nuestro propio ser en el mundo. Los humanos podemos levantar nuestra cabeza por encima de los determinismos naturales... pero para comprender su riqueza y su sentido y liberarlos de sus falencias, no para ignorarlos; para reducir el azar, no para pisotear las finalidades que se fueron ajustando durante cientos de miles de años. Esa es la función de la ciencia y la técnica, que no pueden tener lugar disociadas de las profundas corrientes de la vida. Libres, pero no disociados de la naturaleza que nos fue dada. La ciencia y la técnica se mueven en una dimensión creativa: desde la primera incultura primordial y por medio de la inteligencia y el trabajo, crean cultura. La primera forma de incultura se transforma en cultura. Pero si no se respetan las leyes que la naturaleza lleva en sí, entonces la actividad humana es destructiva, produce caos; es decir se da una segunda forma de incultura, un nuevo caos capaz de destruir al mundo y a la humanidad. —*Mensaje a las comunidades educativas, 18 de abril de 2007*

Hoy se vive una cultura del descarte de todo lo que no sea funcional, sean niños o ancianos. Esta cultura es como una "nueva ilustración" que se expresa en un progresismo a-histórico, sin raíces y en un terrorismo demográfico. —*Mensaje dado el 2 de octubre de 2007*

La política y la paz

La vocación política es una vocación —acá tuerzo la palabra, la tuerzo pero para indicar lo noble—, una vocación casi sagrada, porque es ayudar al crecimiento del bien común. Creatividad, fecundidad. Esa frase: "la política no es para gerenciar crisis" grabémosla bien en el corazón. A veces tenemos que apagar un incendio, pero la vocación del político no es ser bombero. La política es para crear, para fecundar. —*Alocución al término de la IV Jornada arquidiocesana de Pastoral Social, 30 de junio de 2001*

El poder es servicio. El poder sólo tiene sentido si está al servicio del bien común. —*Homilía en ocasión del Te Deum, 25 de mayo de 2001*

Se habló de política de transversalidad. Urge, es el método. No de atomizaciones ni de cotos de caza cerrados. Yo diría que no hay transversalidad si no hay diálogo. Si no hay confrontación de ideas buscando el bien común, nos paralizamos. Este es un buen camino para reorientar la política y eso en una línea de creatividad. —*Alocución al término de la IV Jornada arquidiocesana de Pastoral Social, 30 de junio de 2001*

La inclusión o la exclusión del herido al costado del camino define todos los proyectos económicos, políticos, sociales y religiosos. Todos enfrentamos cada día la opción de ser buenos samaritanos o indiferentes viajantes que pasan de largo. —*Homilía en ocasión del* Te Deum, *25 de mayo de 2003*

Todo se pierde con la guerra, todo se gana con la paz. Con la paz se gana la dignidad, el respeto, porque la paz es obra de la justicia, la justicia nos viene de esa imagen que Dios puso en nuestro corazón. Todo se gana con la paz, y todo se pierde con la guerra. Esa frase que no es mía, sino de "un gran papa, que defendió y llevó adelante la declaración *'Nostra aetate'* ", y pidió que esa frase "nos acompañe, que la llevemos en el corazón y se haga oración". —*Oración interreligiosa por la paz en la Franja de Gaza, 22 noviembre 2012*

La religión

Lejos de desaparecer, la religión adquiere nuevas fuerzas en el mundo actual. Aunque además, vuelven a cobrar vigencia prácticas mágicas que parecían superadas; se popularizan concepciones de tipo místico antes circunscritas a culturas tradicionales. Al mismo tiempo, se radicalizan algunas posturas fundamentalistas, tanto en el Islam como en el cristianismo y el judaísmo. —*Mensaje dado el 29 de marzo de 2000*

El futuro

La memoria de las raíces, el coraje frente al futuro y la capta-
ción de la realidad del presente. Un pueblo que no sabe hacer
un análisis de la realidad que está viviendo, se atomiza, se
fragmenta, porque los intereses particulares privan en este
caso sobre el bien y el interés común, y entonces queda ato-
mizado en los diversos intereses particulares que nacen de un
mal análisis de la realidad que estaban viviendo. —*Alocución
dada el 28 de junio de 2003*

Educar es apostar al futuro. Y el futuro es regido por la
esperanza. —*Mensaje a las comunidades educativas, 18 de abril de 2007*

El tiempo

La madurez personal podría entenderse como la capacidad
de usar de nuestra libertad de un modo "sensato", "prudente". Si hablamos de sensatez y de prudencia, la palabra, el
diálogo, incluso la enseñanza, tendrán mucho que ver con la
madurez. Porque para llegar a obrar de esa manera "sensata",
uno debió haber acumulado muchas experiencias, realizado
muchas elecciones, ensayado muchas respuestas a los desafíos de la vida. Es obvio que no hay "sensatez" sin tiempo.
En un primer momento, entonces, todavía muy cercano a la
perspectiva psicológica y hasta biológica, la madurez implica
tiempo. (...)

El Evangelio nos ofrece la imagen bellísima de la Sagrada
Familia "tomándose su tiempo", dejando que Jesús fuera ma-
durando, "creciendo en sabiduría, en estatura y en gracia delante de Dios y de los hombres" (Lc 23, 52). El mismo Dios
hizo del tiempo el eje principal de su Plan de salvación. La
espera de su Pueblo se concentra y simboliza en esa espera de
María y José ante ese niño que "se toma su tiempo" para madurar su identidad y su misión, y más tarde, ya hombre, hace
de la espera de "su hora" una dimensión esencial de su vida
pública. —*Mensaje a las comunidades educativas, 6 de abril de 2005*

El sufrimiento

Hoy en esta Ciudad queremos que se oiga el grito, la pregunta de Dios: ¿Dónde está tu hermano? Que esa pregunta de
Dios recorra todos los barrios de la Ciudad, recorra nuestro
corazón y sobre todo que entre también en el corazón de los
"caínes" modernos. Quizá alguno pregunte: ¿Qué hermano?
¡¿¿Dónde está tu hermano esclavo??! ¿¿El que estás matando
todos los días en el taller clandestino, en la red de prostitu-
ción, en las ranchadas de los chicos que usás para mendici-
dad, para "campana" de distribución de droga, para rapiña y
para prostituirlos...? ¿Dónde está tu hermano el que tiene que
trabajar casi de escondidas de cartonero porque todavía no
ha sido formalizado...? ¿Dónde está tu hermano...? Y frente
a esa pregunta podemos hacer, como hizo el sacerdote que
pasó al lado del herido, hacernos los distraídos; como hizo el
levita, mirar para otro lado porque no es para mí la pregunta
sino que es para otro. ¡La pregunta es para todos! ¡Porque en
esta Ciudad está instalado el sistema de trata de personas,
ese crimen mafioso y aberrante (como tan acertadamente lo

definió hace pocos días un funcionario): crimen mafioso y aberrante!

¿Dónde está tu hermano? Y vos que estás mirando, que te hacés el distraído, no dejás lugar en tu corazón a que entre la pregunta; que decís esa no es para mí... ¡¿Cual?! ¡¡El esclavo!!! El que en esta Ciudad sufre estas formas de esclavitud que mencioné recién porque esta Ciudad es una "Ciudad abierta", aquí entran todos: los que quieren esclavizar, los que quieren despojar... así como cuando se rinde una Ciudad se declara "Ciudad abierta" para que la saqueen, ¡aquí nos están saqueando la vida de nuestros jóvenes! ¡La vida de nuestros trabajadores! ¡La vida de nuestras familias! Estos tratantes... no, no los insultemos sino recemos por ellos también para que escuchen la voz de Dios: ¿Dónde está tu hermano?

A vos tratante, hoy te decimos: ¿Para qué hacés esto? No te vas a llevar nada, te vas a llevar las manos preñadas de sangre por el mal que hiciste. Y hablando de sangre, por ahí te vas a ir del balazo de un competidor. Las mafias son así. ¡¿Dónde está tu hermano, tratante?! ¡¡Es tu hermano!! ¡¡Es tu carne!! Tomemos conciencia de que esa carne esclava es mi carne, la misma que asumió el hijo de Dios. —*Homilía con motivo de la 5° misa por las víctimas de trata y tráfico de personas, 25 de septiembre de 2012*

La soledad

Un tiempo para adorar a Dios, para ser más solidarios, más honestos, más misericordiosos, más comprometidos con los que lloran y sufren, con los que viven en la soledad y se sienten excluidos. Es un tiempo de gracia para cambiar nuestras actitudes y comprometernos a trabajar sin cansarnos para que llegue el día en que nadie sobre esta tierra tenga que vivir la cuaresma todo el año. —*Mensaje con motivo de la Cuaresma, Miércoles de Ceniza, 6 de febrero de 2008*

Todos y cada uno tiene que hacerse prójimo como samaritano, todos estamos llenos de pecados como el samaritano; pero se nos pide que nos acerquemos, que toquemos el dolor y la miseria, que toquemos la injusticia, que toquemos los llantos escondidos y las soledades de los geriátricos, que nos hagamos prójimos, que toquemos las llagas de nuestros hermanos porque son las llagas de Jesucristo. —*Homilía en la misa de la parroquia San Ildefonso, 15 de julio de 2001*

El pecado

Poco a poco nos acostumbramos a oír y a ver, a través de los medios de comunicación, la crónica negra de la sociedad contemporánea, presentada casi con un perverso regocijo, y también nos acostumbramos a tocarla y a sentirla a nuestro alrededor y en nuestra propia carne. El drama está en la calle, en el barrio, en nuestra casa y, por qué no, en nuestro corazón.

Convivimos con la violencia que mata, que destruye familias, aviva guerras y conflictos en tantos países del mundo. Convivimos con la envidia, el odio, la calumnia, la mundanidad en nuestro corazón. El sufrimiento de inocentes y pacíficos no deja de abofetearnos; el desprecio a los derechos de las personas y de los pueblos más frágiles no nos son tan lejanos; el imperio del dinero con sus demoníacos efectos como la droga, la corrupción, la trata de personas —incluso de niños— junto con la miseria material y moral son moneda corriente. La destrucción del trabajo digno, las emigraciones dolorosas y la falta de futuro se unen también a esta sinfonía. Nuestros errores y pecados como Iglesia tampoco quedan fuera de este gran panorama. Los egoísmos más personales justificados, y no por ello más pequeños, la falta de valores éticos dentro de una sociedad que hace metástasis en las familias, en la convivencia de los barrios, pueblos y ciudades, nos hablan de nuestra limitación, de nuestra debilidad y de nuestra incapacidad para poder transformar esta lista innumerable de realidades destructoras. (...)

La trampa de la impotencia nos lleva a pensar: ¿Tiene sentido tratar de cambiar todo esto? ¿Podemos hacer algo frente a esta situación? ¿Vale la pena intentarlo si el mundo sigue su danza carnavalesca disfrazando todo por un rato? Sin embargo, cuando se cae la máscara, aparece la verdad y, aunque para muchos suene anacrónico decirlo, vuelve a aparecer el pecado, que hiere nuestra carne con toda su fuerza destructora torciendo los destinos del mundo y de la historia. —*Mensaje Cuaresmal de 2013*

La muerte

....

La vida es linda pero la vida molesta. Siempre. El otro día me decía un papá que tiene su primera hija que tanto él como su mujer duermen dos horas por noche porque la criatura les salió gritona... la vida es bella pero molesta porque exige de mí un sacrificio. Cuando uno ve esas mujeres y hombres que tienen sus padres moribundos y se pasan sentados las noches tomándoles la mano para que sientan el cariño, y al día siguiente van a trabajar y así de nuevo... molesta pero eso es vida. No se puede transitar por el anuncio de la vida, por la cultura de la vida si no es como dijimos en el Salmo: si no es en la presencia del Señor. —*Homilía en el Santuario de San Ramón Nonato, 31 de agosto de 2009*

Hoy la solidaridad es más, somos hermanos en el dolor y como hermanos miremos al cielo... Padre, ¿por qué? Y cada uno de nosotros abra su corazón. Y siga preguntado por qué. Yo no puedo darles una respuesta, ni ningún obispo, ni el Papa pero Él los va a consolar. Él es capaz de venir y en la armonía de su presencia paternal hacernos sentir que el misterio de la vida y de la muerte tiene un sentido aun cuando venga de manos irresponsables. —*Homilía en la misa celebrada a un mes de la tragedia ferroviaria de Once, 23 de marzo de 2012*

El corazón

. . . .

La Cuaresma se nos presenta como grito de verdad y de esperanza cierta que nos viene a responder que sí, que es posible no maquillarnos y dibujar sonrisas de plástico como si nada pasara. Sí, es posible que todo sea nuevo y distinto porque Dios sigue siendo *"rico en bondad y misericordia, siempre dispuesto a perdonar"* y nos anima a empezar una y otra vez. Hoy nuevamente somos invitados a emprender un camino pascual hacia la Vida, camino que incluye la cruz y la renuncia; que será incómodo pero no estéril. Somos invitados a reconocer que algo no va bien en nosotros mismos, en la sociedad o en la Iglesia, a cambiar, a dar un viraje, a convertirnos.

En este día, son fuertes y desafiantes las palabras del profeta Joel: *"Rasguen el corazón, no los vestidos: conviértanse al Señor su Dios"*. Son una invitación a todo pueblo, nadie está excluido.

Rasguen el corazón y no los vestidos de una penitencia artificial sin garantías de futuro.

Rasguen el corazón y no los vestidos de un ayuno formal y de cumplimiento que nos sigue manteniendo satisfechos.

Rasguen el corazón y no los vestidos de una oración superficial y egoísta que no llega a las entrañas de la propia vida para dejarla tocar por Dios.

Rasguen los corazones para decir con el salmista: "hemos pecado". *"La herida del alma es el pecado: ¡Oh pobre herido, reconoce a tu Médico! Muéstrale las llagas de tus culpas. Y puesto que a Él no se le esconden nuestros secretos pensamientos, hazle sentir el gemido de tu corazón. Muévelo a compasión con tus lágrimas, con tu insistencia, ¡importúnalo! Que oiga tus suspiros, que tu dolor llegue hasta Él de modo que, al fin, pueda decirte: El Señor ha perdonado tu pecado"* (San Gregorio Magno). Esta es la realidad de nuestra condición humana. Esta es la verdad que puede acercarnos a la auténtica reconciliación... con Dios y con los hombres. No se trata de desacreditar la autoestima sino de penetrar en lo más hondo de nuestro corazón y hacernos cargo del misterio del sufrimiento y el dolor que nos ata desde hace siglos, miles de años... desde siempre.

Rasguen los corazones para que por esa hendidura podamos mirarnos de verdad.

Rasguen los corazones, abran sus corazones, porque sólo en un corazón rasgado y abierto puede entrar el amor misericordioso del Padre que nos ama y nos sana.

Rasguen los corazones dice el profeta, y Pablo nos pide casi de rodillas "déjense reconciliar con Dios". Cambiar el modo de vivir es el signo y fruto de este corazón desgarrado y reconciliado por un amor que nos sobrepasa.

Esta es la invitación, frente a tantas heridas que nos dañan y que nos pueden llevar a la tentación de endurecernos: *Rasguen los corazones* para experimentar en la oración silenciosa y serena la suavidad de la ternura de Dios.

Rasguen los corazones para sentir ese eco de tantas vidas desgarradas y que la indiferencia no nos deje inertes.

Rasguen los corazones para poder amar con el amor con que somos amados, consolar con el consuelo que somos consolados y compartir lo que hemos recibido.

Este tiempo litúrgico que inicia hoy la Iglesia no es solo para nosotros, sino también para la transformación de nuestra familia, de nuestra comunidad, de nuestra Iglesia, de nuestra Patria, del mundo entero. Son cuarenta días para que nos convirtamos hacia la santidad misma de Dios; nos convirtamos en colaboradores que recibimos la gracia y la posibilidad de reconstruir la vida humana para que todo hombre experimente la salvación que Cristo nos ganó con su muerte y resurrección. —*Mensaje con motivo del tiempo de Cuaresma del 2013*

¡Abramos, pues, nuestros corazones de par en par! Que cada uno abra su corazón, mirando a la Virgen, sintiendo la presencia de Jesús en la Eucaristía que, silenciosamente, acompaña a la humanidad desde hace dos mil años. Abramos el corazón de nuestra familia, cada uno de la suya, sintiendo latir el corazón de sus padres y hermanos, el de los esposos y el de los jóvenes, el de los niños y los abuelos. Abramos el corazón como Pueblo fiel de Dios que peregrina en la Argentina bajo el manto de la Virgen, de María de Itatí... ¡Abramos el corazón y dejémonos reconciliar con nuestro Padre Dios! —*Homilía en el Congreso Eucarístico Nacional, 2 de septiembre de 2004*

La oración

Juan Diego era sencillo. Sabía el catecismo y las oraciones. Nada más. —*Homilía con motivo de la misa por el bicentenario de la independencia de los países latinoamericanos, Fiesta de Nuestra Señora de Guadalupe, 12 de diciembre de 2011*

Y hoy, en la Casa de nuestra Madre le venimos a hacer un pedido: que nos enseñe a trabajar por la justicia. ¿Saben ustedes a quién se le ocurrió hacer este pedido? A ustedes mismos. Sí, porque en las oraciones que escriben cuando visitan Luján fue apareciendo esta oración que hoy es el lema: "Madre, enséñanos a trabajar por la justicia". Es un lema que late en el corazón de los peregrinos de la Virgen y que se ha hecho oración. —*Homilía con motivo de la 38ª Peregrinación Juvenil a Luján*

La fe

········

En la cuaresma, por la conversión, volvemos a las raíces de la fe al contemplar el don sin medida de la Redención, y nos damos cuenta de que todo nos fue dado por iniciativa gratuita de nuestro Dios. (...)

No hay fe verdadera que no se manifieste en el amor, y el amor no es cristiano si no es generoso y concreto. Un amor decididamente generoso es un signo y una invitación a la fe. Cuando nos hacemos cargo de las necesidades de nuestros hermanos, como lo hizo el buen samaritano, estamos anunciando y haciendo presente el Reino. —*Carta con motivo del tiempo de Cuaresma, 22 de febrero de 2012*

La experiencia de la Fe nos ubica en Experiencia del Espíritu signada por la capacidad de ponerse en camino... No hay nada más opuesto al Espíritu que instalarse, encerrarse. Cuando no se transita por la puerta de la Fe, la puerta se cierra, la Iglesia se encierra, el corazón se repliega y el miedo y el mal espíritu "avinagran" la Buena Noticia. Cuando el Crisma de la Fe se reseca y se pone rancio el evangelizador ya no contagia sino que ha perdido su fragancia, constituyéndose muchas veces en causa de escándalo y de alejamiento para muchos. —*Carta a los catequistas de la arquidiócesis, 21 de agosto de 2012*

La esperanza
························

Cruzar el umbral de la fe supone no sentir vergüenza de tener un corazón de niño que, porque todavía cree en los imposibles, puede vivir en la esperanza: lo único capaz de dar sentido y transformar la historia. —*Discurso de apertura del Año de la Fe, Buenos Aires, noviembre 2012*

Cuando Dios eligió a su pueblo, le hizo una promesa y en su corazón sembró una esperanza, no le vendió ilusiones, le dio esperanza. —*Spot audiovisual producido por el Centro Televisivo Arquidiocesano, 23 de diciembre de 2011*

El amor
············

El evangelio de Mateo (25, 31ss) nos presenta el "test" que el Señor hará a los suyos en el fin de los tiempos: si alimentaron al hambriento, si dieron de beber al sediento, si recibieron al que está de camino... En los discípulos que realizaron esto, se produce el milagro de la presencia dinámica de Dios, se efectúa la comunión: Cristo mismo se identifica con aquel a quien se brindó el amor, invirtiendo simbólicamente los papeles, ya que es Él quien ofrece, brinda, transforma y crea una nueva realidad con su amor. —*Mensaje en la misa con motivo de la iniciación del año lectivo, 28 de marzo de 2001*

La realidad se presenta complicada y desconcertante, pero los cristianos tenemos que vivirla como discípulos del Maestro. No podemos ser observadores asépticos e imparciales, sino hombres y mujeres apasionados por el Reino, deseosos de impregnar todas las estructuras de la sociedad de una Vida, un Amor que hemos conocido. Ese Amor nos hace vivir abundantemente, como dijo el Papa en el Discurso Inaugural: es "lo mejor que nos pasó en la vida", es lo que tenemos para ofrecer al mundo y contrarrestar la cultura de muerte con la cultura cristiana de la vida y la solidaridad. Por eso, no podemos mirar la realidad más que en términos de misión. —*Carta a los catequistas, 21 de agosto de 2008*

La santidad

Al defender su pureza, su indefectibilidad, su santidad de Esposa, la Iglesia está defendiendo el "lugar" por donde pasa el don de la vida de Dios al mundo y el don de la vida del mundo a Dios. Este don —cuya expresión más plena es la Eucaristía— no es un don más entre otros sino el don total de la Vida más íntima de la Trinidad que se derrama para la vida del mundo y la vida del mundo asumida por el Hijo que se ofrece al Padre. —*Catequesis en el 49° Congreso Eucarístico Internacional, Quebec, 18 de junio de 2008*

La vida eterna

· · · · · · · · · · · · · · ·

La cruz solo tiene sentido para aquellos que creemos en la vida eterna. El que no cree en la vida eterna y cree que sólo es que termina acá y crea de acá, pero vive como si fuera así, la cruz no tiene sentido, no la entiende, nomás es un adorno sólo para colgarse porque está de moda pero no es otra cosa, no es el triunfo de la salvación de Dios entre nosotros. (...)

Y al mirar la cruz y tener esa proyección hacia vida eterna, y mirar la cruz y decir no, estos ídolos no son definitivos, estos ídolos van a terminar conmigo, estos ídolos no tienen sentido trascendente a la otra vida, preguntémonos si me dejo buscar por el amor de Dios. —*Homilía en la clausura de la XX Exposición del Libro Católico, 14 de septiembre de 2008*

La alegría

· · · · · · · · · · · · · · ·

Para que haya fiesta en el corazón de cada uno, escuchen bien esto: Tenemos que dar alegría a los demás, tenemos que hacer que los demás estén alegres, que los demás estén con el corazón abierto a la Fiesta de Jesús. Y esto se puede hacer. Cada uno puede hacer que mi compañero, mi hermano, mi vecino, todos, familia, amigos, sean más felices. Cada uno de ustedes, chicos y chicas, pueden hacer que sean más alegres sus amigos y sus familias, pueden hacer el bien a los demás. (...)

A ustedes, chicas y chicos, simplemente les digo: Caminen por la luz, no se dejen seducir por los mercaderes de las tinieblas; abran su corazón a la luz aunque cueste. No se dejen encadenar por esas promesas que parecen de libertad y son de opresión; las promesas del gozo fatuo, las promesas de las tinieblas. Sigan adelante. El mundo es de ustedes. Vívanlo en la luz. Y vívanlo con alegría porque el que camina en la luz tiene un corazón alegre. Y esto es lo que les deseo a todos ustedes. —*Homilía en la misa arquidiocesana de niños en el Parque Roca, 24 de octubre de 2009*

EPÍLOGO

Durante su primera Semana Santa, como líder de 1.2 miles de millones de católicos en el mundo, el papa Francisco tomó de sorpresa a mucha gente cuando decidió celebrar la Misa del Jueves Santo —en latín misa *"in coena Domini"*, misa de la cena del Señor— no en una gran iglesia, como era la costumbre, sino en una prisión para jóvenes delincuentes, llamada Casal del Marmo, en Roma. Además, durante la celebración de la misa, Francisco decidió hacer algo inusual para la ceremonia de la lavanda de los pies, conmemoración del momento en que Cristo lavó los pies de los doce apóstoles.

Tradicionalmente, y de acuerdo con las reglas actuales de la Iglesia Católica, el sacerdote o el obispo que celebra la misa lava exclusivamente los pies de hombres, y no de mujeres, ya que la ceremonia se considera una conmemoración de la institución del sacramento de la Orden Sacerdotal. A pesar de esto, Francisco decidió lavar los pies de dos mujeres, una de las cuales no era católica, sino musulmana. Esta decisión dejó sorprendido a todo el mundo y se animó un fuerte debate acerca de qué quería decir el Papa con este gesto y acerca del significado del evento.

El Papa decidió no dar explicaciones detalladas. De hecho, la homilía que había escrito para la ocasión fue muy breve. No obstante, dio una idea de su pensamiento en la homilía que pronunció esa mañana, en la Misa Crismal del Jueves Santo en la basílica de San Pedro. El 30 de marzo, el *Osservatore Romano*, publicó la noticia de que el texto de esta homilía, "con excepción de algunas adiciones", era idéntico al texto de una homilía que Bergoglio había preparado antes de ser elegido como papa, y que fue leído en la Misa Crismal del 28 de marzo en la catedral de Buenos Aires. El texto da una explicación sobre el porqué de la decisión que tomó luego:

> Al buen sacerdote se lo reconoce por cómo anda ungido su pueblo. Cuando la gente nuestra anda ungida con óleo de alegría se le nota: por ejemplo, cuando sale de la misa con cara de haber recibido una buena noticia. (...) Nos lo agradece porque siente que hemos rezado con las cosas de su vida cotidiana, con sus penas y alegrías, con sus angustias y sus esperanzas. Y cuando siente que el perfume del Ungido, de Cristo, llega a través nuestro, se anima a confiarnos todo lo que quieren que le llegue al Señor. (...) Cuando estamos en esta relación con Dios y con su Pueblo, y la gracia pasa a través de nosotros, somos sacerdotes, mediadores entre Dios y los hombres.

El papa Francisco estaba diciendo claramente que deseaba que la Iglesia predicara sobre la "vida cotidiana" de la gente, "sus penas, sus alegrías". Decía que quería que la Iglesia saliera hacia la gente, para llegar a la gente allí donde estuviera.

> Así hay que salir a experimentar nuestra unción, su poder y su eficacia redentora: en las "periferias" donde hay sufrimiento, hay sangre derramada, ceguera que desea ver, donde hay cautivos de tantos

malos patrones. No es precisamente en auto experiencias ni en introspecciones reiteradas que vamos a
encontrar al Señor: los cursos de autoayuda en la vida
pueden ser útiles, pero vivir pasando de un curso a
otro, de método en método, lleva a hacernos pelagia-
nos, a minimizar el poder de la gracia que se activa y
crece en la medida en que salimos con fe a darnos y
a dar el Evangelio a los demás; a dar la poca unción
que tengamos a los que no tienen nada de nada.

En la breve homilía que dio a los jóvenes esa tarde en la
prisión, el papa Francisco dijo muy claramente que su gesto
no implicaba el hecho de querer ordenar a las mujeres en el
sacerdocio —no era ese el fin de ese gesto—. Era, más bien,
un ejemplo de amor que daba a través del servicio, esperaba
que los jóvenes lo vieran y lo siguieran.

El papa Francisco dijo a los jóvenes a los que había lavado
y besado los pies:

Ayudarse unos a otros: esto es lo que Jesús nos
enseña y esto es lo que yo hago, y lo hago de corazón,
porque es mi deber. Como sacerdote y como obispo
debo estar a vuestro servicio. Pero es un deber que
viene del corazón: lo amo. Amo esto y amo hacerlo
porque el Señor así me lo ha enseñado. Pero también
vosotros, ayudadnos: ayudadnos siempre. Los unos a
los otros. Y así, ayudándonos, nos haremos bien.

Y concluyó:

Ahora haremos esta ceremonia de lavarnos los pies y
pensemos: que cada uno de nosotros piense: "¿Estoy

verdaderamente dispuesta o dispuesto a servir, a ayudar al otro?". Pensemos esto, solamente. Y pensemos que este signo es una caricia de Jesús, que Él hace, porque Jesús ha venido precisamente para esto, para servir, para ayudarnos.

Con este profundo llamado a los corazones y a las almas de los jóvenes, el Papa estaba indicando un cambio en sus vidas, un encuentro con Cristo. Lavar los pies de las mujeres fue una acción arriesgada. Francisco parecía ir en contra de la enseñanza litúrgica de la Iglesia. Pero Francisco pensó que valía la pena correr el riesgo.

En la Vigilia Pascual, el 30 de marzo justo antes de medianoche, con la basílica de San Pedro completamente iluminada por la luz de miles de velas encendidas a partir de la vela pascual del Papa, el pasaje final de la homilía así decía:

> Acepta entonces que Jesús Resucitado entre en tu vida, acógelo como amigo, con confianza: ¡Él es la vida! Si hasta ahora has estado lejos de él, da un pequeño paso: te acogerá con los brazos abiertos. Si eres indiferente, acepta arriesgar: no quedarás decepcionado. Si te parece difícil seguirlo, no tengas miedo, confía en él, ten la seguridad de que él está cerca de ti, está contigo, y te dará la paz que buscas y la fuerza para vivir como él quiere.

De este modo el papa Francisco siguió con su misión, aunque fuera arriesgada, de llevar la luz de Cristo Resucitado, en un mundo que sufre.

El domingo de Pascua, primer domingo de Pascua de su pontificado, al final de la misa el Papa saludó desde el mismo balcón donde había pronunciado las primeras palabras de su pontificado la noche del 13 de marzo.

"Queridos hermanos y hermanas de Roma y de todo el mundo, ¡Feliz Pascua! ¡Feliz Pascua!" dijo Francisco.

Es una gran alegría para mí poderos dar este anuncio: ¡Cristo ha resucitado!

Quisiera que llegara a todas las casas, a todas las familias, especialmente allí donde hay más sufrimiento, en los hospitales, en las cárceles.

Quisiera que llegara sobre todo al corazón de cada uno, porque es allí donde Dios quiere sembrar esta Buena Nueva: Jesús ha resucitado, hay esperanza para ti, ya no estás bajo el dominio del pecado, del mal. Ha vencido el amor, ha triunfado la misericordia. La misericordia de Dios siempre vence.

También nosotros, como las mujeres discípulas de Jesús que fueron al sepulcro y lo encontraron vacío, podemos preguntarnos qué sentido tiene este evento (cf. *Lc* 24,4).

¿Qué significa que Jesús ha resucitado? Significa que el amor de Dios es más fuerte que el mal y la muerte misma, significa que el amor de Dios puede transformar nuestras vidas y hacer florecer esas zonas de desierto que hay en nuestro corazón. Y esto lo puede hacer el amor de Dios.

Este mismo amor por el que el Hijo de Dios se ha hecho hombre, y ha ido hasta el fondo por la senda de la humildad y de la entrega de sí, hasta descender a los infiernos, al abismo de la separación de Dios, este mismo amor misericordioso ha inundado de luz el cuerpo muerto de Jesús, y lo ha transfigurado, lo ha hecho pasar a la vida eterna.

Jesús no ha vuelto a su vida anterior, a la vida terrenal, sino que ha entrado en la vida gloriosa de Dios y ha entrado en ella con nuestra humanidad, nos ha abierto a un futuro de esperanza.

He aquí lo que es la Pascua: el éxodo, el paso del hombre de la esclavitud del pecado, del mal, a la libertad del amor y la bondad. Porque Dios es vida, sólo vida, y su gloria somos nosotros: es el hombre vivo (cf. San Ireneo, *Adv. haereses*, 4,20,5–7).

Su gloria somos nosotros.

Estas fueron las palabras que pronunció Francisco y que resumen su más profunda espiritualidad, centrada en Cristo. Francisco cree que los hombres y las mujeres vivientes son la gloria de Dios, que Dios se glorifica cuando los hombres y las mujeres viven y viven plenamente. Y cuando viven plenamente, aman, trabajan por la justicia y construyen un mundo donde los niños no se vean perjudicados, donde los pies de los presos sean lavados, donde el rostro de Dios, y la voluntad de Dios, se pueda ver en los rostros de los hombres y las mujeres —en el rostro de un hombre como Francisco, que nos pide algo muy sencillo:

"Recen por mí".

APÉNDICE

Las últimas palabras del cardenal Bergoglio antes de su elección

Las "últimas palabras" que el cardenal Bergoglio dijo a sus compañeros cardenales antes de su elección como Papa, fueron divulgadas al público (con su permiso), el 26 de marzo en un sitio web en La Habana, Cuba.

Se cree que cuando los cardenales escucharon estas palabras durante las reuniones del 9 de marzo, solo cuatro días antes de la elección del papa Francisco el 13 de marzo, el apoyo para la candidatura de Bergoglio aumentó y se solidificó.

El cardenal de la Habana, Jaime Lucas Ortega y Alamino, hizo publicar las palabras que Bergoglio había pronunciado antes del cónclave, según el informe del Vaticanista Sandro Magister del 27 de marzo.

El cardenal Ortega estaba en Roma, el 9 de marzo, cuando Bergoglio pronunció su discurso. Después de escuchar sus palabras, le pidió a Bergoglio una copia escrita para su archivo. Bergoglio le dijo que no tenía un texto escrito. Sin embargo, al día siguiente, Bergoglio entregó a Ortega "los comentarios, escritos por su propia mano, como se los podía acordar", informó Magister.

El 13 de marzo, después del cónclave, Ortega le preguntó a Francisco si le daba el permiso de publicar el texto y el Papa dijo que sí. Así que el 26 de marzo, en la página web de *Palabra Nueva*, periódico de la arquidiócesis de la Habana, apareció la fotocopia de la transcripción de Bergoglio.

En las palabras de Bergoglio se pueden ver unos de los temas claves de su prédica inicial como papa, nota Magister. Por ejemplo, "la mundanidad espiritual" es "el peor mal que puede sobrevenir a la Iglesia" y el deber de la Iglesia es "salir de sí misma" para traer el Evangelio a las "periferias, no solo las geográficas, sino también las periferias existenciales".

Como ha hecho en otras ocasiones, aquí Bergoglio invoca el concepto de "la mundanidad espiritual" discutido por el jesuita Henri de Lubac, uno de los grandes teólogos del siglo XX, quien en sus últimos años fue nombrado cardenal por el papa Juan Pablo II.

En su libro, *Meditaciones sobre la Iglesia*, de Lubac define la mundanidad como "el mayor peligro, la tentación más pérfida, la que siempre renace insidiosamente cuando todas las otras han sido vencidas, alimentada inclusive por esta misma victoria".

Otra cita importante en las notas de Bergoglio es su advertencia sobre el peligro a la Iglesia de dejar de ser *"mysterium lunae"*.

"El 'misterio de la luna' es una fórmula a la que los Padres de la Iglesia recurrieron desde fines del siglo II para sugerir cuál es la verdadera naturaleza de la Iglesia y el obrar que le corresponde", explica Magister. "Como la luna, 'la Iglesia brilla no con luz propia, sino con la de Cristo' (*fulget Ecclesia non suo sed Christi lumine*'), dice San Ambrosio. Mientras que para Cirlio de Alejandría 'la Iglesia está bañada por la luz divina de Cristo, que es la única luz en el reino de las almas.

Hay entonces una sola luz: en esta única luz brilla sin embargo también la Iglesia, pero que no es Cristo mismo' ".

En estos comentarios, los finales que hizo antes de su elección como Papa, Bergoglio, una vez más, sitúa a Cristo al centro de su pensamiento. Aquí siguen estas "últimas palabras" del cardenal Bergoglio, pronunciadas sólo cuatro días antes de su elección.

Evangelizar la periferias

Se hizo referencia a la evangelización. Es la razón de ser de la Iglesia —"La dulce y confortadora alegría de evangelizar" (Pablo VI)— el mismo Jesucristo quien, desde dentro, nos impulsa.

1. Evangelizar supone celo apostólico. Evangelizar supone en la Iglesia la *parresía* [N.T. palabra de griega antigua que se refiere a la calidad de hablar con franqueza] cande salir de sí misma. La Iglesia está llamada a salir de sí misma e ir hacia las periferias, no solo las geográficas, sino también las periferias existenciales: las del misterio del pecado, las del dolor, las de la injusticia, las de la ignorancia y prescindencia religiosa, las del pensamiento, las de toda miseria.

2. Cuando la Iglesia no sale de sí misma para evangelizar deviene autorreferencial y entonces se enferma (cfr. La mujer encorvada sobre sí misma del Evangelio). Los males que, a lo largo del tiempo, se dan en las instituciones eclesiales tienen raíz de autorreferencialidad, una suerte de narcisismo teológico. En el Apocalipsis Jesús dice

que está a la puerta y llama. Evidentemente el texto se refiere a que golpea desde fuera la puerta para entrar... Pero pienso en las veces en que Jesús golpea desde dentro para que lo dejemos salir. La Iglesia autorreferencial pretende a Jesucristo dentro de sí y no lo deja salir.

3. La Iglesia, cuando es autorreferencial, sin darse cuenta, cree que tiene luz propia; deja de ser el *mysterium lunae* y da lugar a ese mal tan grave que es la mundanidad espiritual (Según de Lubac, el peor mal que puede sobrevenir a la Iglesia). Ese vivir para darse gloria los unos a otros. Simplificando; hay dos imágenes de Iglesia: la Iglesia evangelizadora que sale de sí; la *Dei Verbum religiose audiens et fidenter proclamans*, o la Iglesia mundana que vive en sí, de sí, para sí. Esto debe dar luz a los posibles cambios y reformas que haya que hacer para la salvación de las almas.

4. Pensando en el próximo Papa: un hombre que, desde la contemplación de Jesucristo y desde la adoración a Jesucristo ayude a la Iglesia a salir de sí hacia las periferias existenciales, que la ayude a ser la madre fecunda que vive de "la dulce y confortadora alegría de la evangelizar".

Roma, 9 de marzo, 2013

AGRADECIMIENTOS

Todos los escritores dependen de la ayuda de otros, y mucha gente me ha ayudado mucho durante las recientes semanas y a través de los años, mientras que escribí este pequeño volumen, y mientras que traté de escribir sobre la Iglesia y el mundo durante los veinticinco años pasados.

Mi hijo, Christopher Hart-Moynihan, que enseña Español en la universidad de Nuevo Mexico, y María Pia Carriquiry, hija de Guzman Carriquiry de Uruguay y Roma, el laico del más alto rango de todos aquellos que trabajan en el Vaticano y gran amigo del papa Francisco, me ayudaron a leer las homilías en español del Papa, que pronunciaba durante su mandato como arzobispo de Buenos Aires. Ellos escogieron muchas de las frases que se encuentran en la última parte del libro. Ambos trabajaron muy duro, a veces quedándose despiertos hasta después de la medianoche, para realizar la tarea de encontrar los pasajes que expresaran y resumieran el pensamiento del nuevo Papa.

Durante los primeros días de este nuevo pontificado, cuando unos cinco mil periodistas inundaban la Ciudad Eterna, y se me pidió comentar sobre lo que pasaba para muchas programas de televisión y radio, tenía el apoyo indispensable de Trey Tomlinson, que me acompañó, llueva o truene, a muchos platós por la ciudad, y manejó todos los asuntos del horario, los contactos, y publicando en los redes sociales.

Sharlene Lim de las Filipinas, una estudiante del pensamiento del cardenal Joseph Ratzinger, el papa emérito Benedicto XVI, llegó a Roma poco después de su dimisión. Ella me ayudó a hacer investigación y organizar el material durante todo el periodo de la preparación de este volumen.

William Doino, Jr., y mi padre, William T. Moynihan, me ayudaron con sus ideas y sus revisiones.

Gianna Valente y Stefania Falasca contribuyeron su tiempo y sus ideas, basadas en su larga amistad con el entonces cardenal Bergoglio.

Deborah Tomlinson me animó desde el día de la elección del nuevo papa a creer que este libro podría ser escrito durante el breve periodo de dos semanas, y ayudó durante todo el proceso de editar y revisar. Gracias, Deborah, por tu apoyo.

Mi editor en Random House, Gary Jansen, también me apoyó mucho durante los días en los cuales la presión de este proyecto pareció enorme. Gracias, Gary.

Ningunas de estas personas son culpables de ninguna deficiencia de esta obra. Todos ayudaron a permitirlo realizarse. Gracias a todos.

PERMISOS

Quisiéramos agradecerle al padre Giuseppe Costa y a la Prensa Vaticana (*Libreria Editrice Vaticana*) por concedernos permiso para citar muchas de las primeras palabras del papa Francisco: desde el balcón de la Basílica de San Pedro el 13 de marzo; a periodistas el 16 de marzo; en su primera misa parroquial en la Iglesia de Santa Ana; en su primer Ángelus dominical; en su misa de inauguración el 19 de marzo; en su primer encuentro con delegados fraternales de otras Iglesias cristianas y con representantes de religiones no cristianas, el 20 de marzo; en su primer encuentro con diplomáticos el 22 de marzo; y durante Semana Santa, Jueves Santo, Viernes Santo, Sábado Santo y Domingo de Pascua; así como permiso para citar la biografía oficial autorizada por el Vaticano del nuevo papa; la explicación oficial del Vaticano del nuevo escudo de armas del papa; la declaración oficial del Vaticano por parte del padre Federico Lombardi acerca de las acusaciones sobre la "colaboración" del cardenal Bergoglio con la junta militar en Argentina durante los años setenta; la descripción de Lombardi de la reunión de los "dos papas", del 23 de marzo; y pasajes de la histórica homilía del papa emérito Benedicto el 18 de abril de 2005, pronunciada poco antes de ser elegido Papa.

Quisiéramos agradecer a Sandro Magister, vaticanista italiano con la revista *l'Espresso*, por concedernos permiso para utilizar su reflexivo material escrito sobre el nuevo papa.

Quisiéramos agradecer al padre Claudio Barriga, S.J., Director General Delegado, Apostolado de Oración, Movimiento Eucarístico Juvenil, por el permiso para citar un correo electrónico que escribió acerca de la primera llamada del nuevo papa al padre general de la Orden Jesuita el 14 de marzo, un día después de su elección.

Quisiéramos agradecer al Servicio Católico de Noticias (CNS, por sus siglas en inglés) por el permiso para citar de informes del CNS sobre el primer día del nuevo Papa, en especial los informes de David Agren, "Porteños *Paint Pope Francis as Kind, Outspoken, Good Adminisrator*", 17 de marzo de 2013 y de Carol Glatz, "*Pope Makes 'Fantastic Suffed Calamari' but Oftern Missed Family Barbecues to Minister*", 24 de marzo de 2013.

Quisiéramos agradecer a Stefania Falasca y Gianni Valente por el permiso para citar el informe de Stefania sobre su conversación telefónica con el nuevo Papa la noche del 13 de marzo, así como su entrevista con el cardenal Bergoglio, publicada en 30 *Giorni* en 2007.

Quisiéramos agradecer a la Agencia Católica de Noticias por el permiso para citar el artículo: "*Pope Calls Argentine Kiosk Owner to Cancel Paper Delivery*" del 21 de marzo de 2013.

Quisiéramos agradecer al periódico *The Guardian* en Inglaterra, por el permiso para citar material de un artículo del 16 de marzo de 2013 de Jonathan Watts y Uki Goni en

Buenos Aires, *"Pope Francis, the Radical from Flores Who Whill 'Re-shape' the Catholic Church"* y de un artículo del 14 de marzo de 2013 de Margaret Hebblethwaite, *"The Pope Francis I Know"*.

Quisiéramos agradecer a Carlos Grade de Rome Reports, por el permiso para citar texto de un video de Rome Reports del 22 de marzo de 2013.

Quisiéramos agradecer a Andrea Tornelli por el permiso para citar un artículo de *La Stampa/Vatican Insider* del 25 de marzo de 2013, *"Rosa Margherita, Francis' 'Theologian' Grandmother"*.

Quisiéramos agradecer a George Demacopoulos, profesor de Teología, director y cofundador del Centro de Estudios Ortodoxos Cristianos de Fordham University, por el permiso para extraer citas de sus comentarios sobre la relación del nuevo papa con el mundo ortodoxo.

Quisiéramos agradecer al *Catholic Herald* de Londres y a la escritora Mary O'Regan por el permiso para citar pasajes del reflexivo artículo de O'Regan del 22 de marzo de 2013, sobre el nuevo Papa, *"A Humble Man Forged in the Dirty War"*.

Quisiéramos agradecer a Kathryn Jean Lopez, editora general de *National Review Online* y directora de Catholic Voices USA, por concedernos permiso para publicar algunas líneas de un artículo que escribió sobre el nuevo Papa.

También quisiéramos agradecer a Salon.com por permitirnos citar pasajes de la entrevista del 20 de marzo de Andrew O'Hehir al actor Viggo Mortensen, titulada, *"Viggo Mortensen: Lay Off the Pope"*.

También quisiéramos agradecer al servicio Canadian Catholic News y a Deborah Gyapong, por el permiso para citar pasajes de una entrevista con el arzobispo Terrence Prendergast de Ottawa, Canadá, sobre la espiritualidad ignaciana del nuevo Papa, *"Jesuit Archbishop Describes the Society of Jesus' Traditions"*, del 21 de marzo de 2013.

Sobre el autor

ROBERT MOYNIHAN nació en una familia católica en Connecticut, el mayor de siete hermanos. Asistió a Harvard College, donde fundó el Harvard Hunger Action Project. Tras su graduación, Moynihan trabajó como periodista antes de ingresar a la Universidad de Yale para cursar un doctorado en Estudios Medievales. En esa época viajó a Italia para hacer trabajos de investigación sobre la historia de los comienzos de la Orden Franciscana en Asís y en Roma. Recibió su doctorado en 1988, el mismo año en el que se convirtió en editor de la edición en inglés de la publicación católica mensual *30 Giorni (30 Days)*. Junto con Gregorio Galazka y Giuseppe Sabatelli, Moynihan fundó la revista *Inside the Vatican*, que ya lleva veinte años de existencia.

Moynihan es también el fundador de la Fundación Urbi et Orbi, cuyo objetivo es generar una relación más estrecha entre católicos y cristianos ortodoxos, con miras a superar los efectos del Gran Cisma de 1054 A.D. Es también el autor de *Let God's Light Shine Forth: The Spiritual Vision of Pope Benedict XVI* y escribe acerca de la Iglesia y de asuntos mundiales para *The Moynihan Letters*. Habla italiano y francés con fluidez y lee alemán, ruso, español y latín. Asís es su ciudad favorita.